Das Buch

Es ist wie verhext: Wie oft sehnen wir uns nach Glück und innerem Frieden – und wie oft fühlen wir uns meilenweit davon entfernt! Dann scheinen wir in unseren Negativitäten, in üblen Gewohnheiten, in alten Verletzungen gefangen, als gäbe es kein Entrinnen!

Ein heilender und absolut zuverlässiger Weg zurück zu dem, was unsere wahre Natur ist, zurück zu unserer Freude, unserem Frieden, ist der uralte Weg der Vergebung. Dabei hat Sascha Ansahl genau erforscht, mit welchen Mechanismen wir uns paradoxerweise oft selbst daran hindern, das zu leben, wonach unser Herz sich wirklich sehnt.

Anhand vieler Beispiele aus der Arbeit mit seinen Klienten zeigt der Autor, wie wir den Weg zurück zu uns selbst wiederfinden können: zurück in unsere innewohnende Freiheit, in unseren inneren Frieden – in das Leben.

Der Autor

Schon in jungen Jahren führte innerer Leidensdruck Sascha Ansahl auf den Weg der Suche – die Suche nach der Liebe, nach der Wahrheit, nach Gott. Dabei musste er seine eigenen Negativitäten nicht nur intensiv erfahren, er war auch mutig und kühn genug, zu erforschen, wodurch sein Herz daran gehindert wurde, die Wahrheit – Gott in sich zu finden. Heute ist die Suche beendet und aus diesem tiefen Frieden heraus begleitet er Menschen durch die Kraft der Vergebung mehr Klarheit, Freiheit und Frieden zu erlangen. Sascha Ansahl arbeitet als spiritueller Lehrer im europäischen Raum. Er ist verheiratet, hat zwei Kinder und lebt in Landsberg am Lech.

Sascha Ansahl

Vergebung befreit

Der Weg zur Freude und innerem Frieden

© 2016 Sascha Ansahl
© 2020 Reichel Verlag,
93055 Regensburg
Tel: 0049(0)9194-8900, Fax: 0049(0)9194-4262
E-Mail: mail@reichel-verlag.de
www.reichel-verlag.de

© Umschlaggestaltung: Christian Wolf
©naddya-Fotolia.com

ISBN 978-3-946433-29-3

Danksagung

In tiefster Liebe und unermesslichem Dank widme ich dieses Buch meiner größten Liebe Gott und dir, meiner lieben Maya Storms. Ich möchte mich ebenso aus tiefem Herzen bei Andrea und Armin Mattich, Volker & Andrea Dinkel-Tischendorf bedanken.

Ohne Euch hätte ich diesen Weg nicht geschafft. Ebenso möchte ich mich bei allen Freunden, die den Weg mit mir gehen, bedanken. Selbstverständlich gilt mein tiefer Dank auch meiner lieben Frau Susanne, danke, dass du alle meine Veränderungen im Laufe der Jahre getragen hast, und selbstverständlich meinen Kindern, Alicia und Helena. Mein Dank gilt ebenso Gertraud Reichel und dem Reichel Verlag, vielen Dank für Ihr Vertrauen.

Inhalt

Vergebung ist ein Akt deiner Bereitwilligkeit,
das Leben – Gott –, dich selbst und andere jetzt
zu lieben.

Vorwort

Ich habe in den letzten Jahren so viele wundervolle, wundersame und tiefgreifende Berührungen im Herzen erfahren,
dass es mir ein großes Bedürfnis ist, das alles zu teilen. Ich wünsche mir, mehr Menschen könnten ebenso erfahren, wie tiefgreifend Berührungen und die Vergebung im Herzen sein können. Mit
diesem Buch möchte ich Mut machen, fest und entschlossen den
eigenen Weg des Herzens zu gehen. Tief im Vertrauen zu sein,
dass die Vergebung und die Liebe zu Gott eine der Grundlagen für
die Verbindung von Herz und Seele ist. Mein größter Wunsch
dabei ist es, dass sich Seelen von diesen Zeilen angesprochen
fühlen und durch den Weg der Vergebung in die Liebe Gottes
zurückfinden.

So schreibe ich über viele persönliche Erfahrungen und möchte
versuchen, dich damit zu berühren, ebenso wie ich einst auf eine
so wundersame Weise berührt wurde und noch immer werde. So
erlaube ich mir in Du-Form zu schreiben, denn ich finde es viel
persönlicher, auf diese Weise miteinander zu sprechen. Ich versuche, mein Innerstes nach außen zu offenbaren, das ist für mich
der einzige Weg, die Wahrheit, die ich erfahren habe, preiszugeben. Auch möchte ich dich aufrütteln und motivieren, deinen
eigenen Weg entschlossen zu gehen, denn es sollte das einzige
Ziel eines jeden Menschen sein, den Weg in das eigene Herz zu
finden und sich selbst und Gott vollkommen zu lieben.

Ich beschreibe auch auf verschiedene Arten das Ego, das Üble,
das Negative, mit dem die Menschheit zu tun hat, und mit wel-

chen Mitteln dem zu begegnen ist, damit Freiheit in die Herzen einziehen kann. Dem Üblen bin ich mehrfach direkt begegnet, und ich bin sehr froh über die gemachte Erfahrung, auch wenn es meinen ganzen Mut gefordert hat, ihm so direkt in die Augen geschaut zu haben. Es hat mir Klarheit geschenkt, deutlich zu unterscheiden und zu erkennen, mit wem oder was die Menschheit zu kämpfen hat. Darin liegt meines Erachtens die Lösung. Die Möglichkeit zu erkennen, wer oder was du wirklich bist und was nicht, aber vor allem, was dich daran behindert, dein Herz und deine Seele zu finden.

Vergebung ist für mich dabei die einzige konsequente Möglichkeit, sehr verlässlich und absolut sicher, wieder Freude, Freiheit und Klarheit zu erlangen. Ist die Vergebung doch in allen Religionen zu finden und für mich ist sie ein Geschenk Gottes, damit die Menschheit nicht nur zueinander, sondern auch den Weg zurück finden kann, in Frieden. So ist es nicht verwunderlich, dass die Vergebung in allen heiligen Schriften als das höchste Gut betrachtet wird. In der Mahabharata[1], dem hinduistischen Epos der Menschheitsgeschichte, wird die Vergebung als „wahre Macht der Mächtigen" bezeichnet. Im Christentum ist die Botschaft von Jesus Christus „Vergebung" und Nächstenliebe. Der Koran offenbart die Notwendigkeit der Vergebung, um von Verfehlungen des Lebens befreit zu werden, und die Hawaiianer nennen es Ho'oponopono. Somit ist in allen Religionen und Kulturen die Vergebung ein essenzieller Akt des Herzens zurück zu Gott, zu Freiheit und Frieden.

Ich habe mich in den letzten Jahren intensiv mit der Vergebung auseinandergesetzt und habe viele befreiende Momente erlebt, bei mir selbst und anderen. Ich habe erkannt, was Jesus mit den

---

[1] Das Mahabharata gilt als eines der ältesten und umfangreichsten literarischen Werke des Hinduismus und der Welt. In ihm findet sich auch die Offenbarungsschrift, die Bhagavad Gita, wieder.

Worten meinte: „Vater, vergib ihnen, denn sie wissen nicht, was sie tun."

So möchte ich in diesem Buch versuchen, deutlich aufzudecken, was die Menschen behindert und worin die Lösung liegt. Vergebung birgt die ganze Kraft der Güte, Barmherzigkeit und Liebe, die allem Negativen den Strom abdreht, denn wo Licht ist, kann Dunkelheit nicht sein.

Es gibt so viele wundervoll geschriebene Bücher von Heiligen, die bereits alles offenbaren, so kann dieses Buch nur ein geringer Versuch sein, das bereits Geschriebene mit meinen eigenen Erfahrungen zu durchleuchten.

Nur wenn Gott einer Seele seine Gnade zuteilwerden lässt, ist eine Rückkehr möglich, keinen Moment früher und keinen Moment später. Es ist sein Wille, der geschieht, reine Barmherzigkeit und Gnade – in diesem Moment.

Warum dieses Buch?

Augenscheinlich sind alle Menschen auf der Erde verschieden und doch verbindet uns Menschen etwas Essenzielles. Wir alle finden uns hier auf dieser Erde gemeinsam geboren wieder. Es scheint optisch so zu sein, als hätten wir alle unterschiedliche Vor- oder Nachteile und jeder würde seiner Wege gehen. So gibt es reiche und arme, gesunde und kranke, große und kleine Menschen und vieles mehr. Abgesehen von diesen materiellen Ausprägungen, liegt aber etwas in uns Menschen, was uns alle miteinander verbindet. Alles wurde und wird geboren, und so wurde jede einzelne Seele aus demselben einen Geist Gottes erschaffen. Es ist diese gemeinsame Geburt, die uns einst einte und dieses noch immer tut.

Für mich selbst ist dieser Umstand offensichtlich und dennoch ist es eben so offensichtlich, dass die Menschheit seit vielen Tausenden von Jahren diesen Zusammenhalt nicht mehr spürt und lebt. Es ist kein Blick in die Medien nötig, um festzustellen, dass dieses ewige Licht der Seelen, das wir einst auf eine so wundervolle Weise erfahren haben, nicht mehr zu 100 Prozent gefühlt und gelebt wird.

So haben sich im Laufe der letzten Jahrtausende viele große Seelen immer wieder auf die Erde begeben, mit dem einen Ziel, den Menschen die Einzigartigkeit, die sie verbindet, wieder vor Augen zu führen. Es sind die großen Lehrer, aus denen dann auch die Weltreligionen entstanden sind. Wie Christus, Buddha, Abraham, Mohammed – gesegnet sei sein Name, die Trimurti Brahma, Vishnu, Shiva, um nur einige zu nennen.

Jede Lehre für sich hat nur ein Ziel, nämlich den Weg zurück zum Ursprung, dem einen Gott, dem wahrhaftigen Leben aufzuzeigen, unabhängig des Namens, dem ihm die Religionen geben.

Alle Religionen haben das gleiche Ziel – die Erkenntnis. Sie wollen helfen, das Licht der eigenen Seele zu vergrößern, um dann irgendwann wieder mit Gott zu verschmelzen. In jedem Jahrhundert erschienen in allen Religionen Propheten oder Heilige, die mit ihrem beispielhaften völlig egofreien, demütigem und hingebungsvollem Leben zeigten, wie sehr sie diesem einen Gott vertrauten, ihn erfuhren und ihn liebten. Unter ihnen waren zahlreiche Mystiker. Und so ist es die heilige Mystik selbst, die den Menschen deutlich offenbart, dass die wahre Natur des Menschen mehr ist als sein Verstand.

Für mich gibt es somit nur eine Religion. Es ist die Religion, alle Menschen gleichermaßen zu respektieren, wertzuschätzen, zu lieben. Diese Religion heißt Gott zu lieben und seine Liebe hier auf Erden für seine gesamte Schöpfung auszudrücken.

Da es den Menschen offensichtlich nicht so leichtfällt, diesen Weg zu gehen, ist es notwendig, die Ursache dafür zu erkennen und ihn darauf hinzuweisen, dass es etwas gibt, was nicht will, dass die Seele zu Gott zurückfindet.

Es ist nötig anzuerkennen, dass solange man noch Negatives fühlt und sieht, es dieses Negative auch gibt. So ist auch jenes Üble sehr bemüht, die Seele des Menschen von der Erkenntnis Gottes fernzuhalten. Dazu bedient es sich einfacher bewusster und unbewusster Mechanismen. Sich aus dieser Umklammerung zu befreien und Freiheit, Frieden und Klarheit zu erlangen, sollte das wichtigste Ziel eines Menschen sein. Nur so kann er sich selbstbewusst und frei auf der Erde bewegen. Ich erfahre seit vielen Jahren, dass es die Vergebung ist, die diese Umklammerung am sichersten und schnellsten löst.

Vergebung hilft dem Menschen, die Seele, den Geist zu entrümpeln, das Haus zu putzen und Kraft zu geben, den Weg zurück entschlossen zu gehen.

In der Vergebung liegen alle Tugenden. Vergebung wird in allen Religionen als absolut entwaffnende Kraft offenbart, die allem zugrunde liegt, um den Weg zu Gott wiederzufinden.

Dieses Buch handelt von der Vergebung, und es erklärt die Mechanismen, die das Ego, das Negative nutzt, um zu verführen und vom Herzen wegzuführen. Erkennt man die Vorgehensweise des Egos und dessen bewusste Manipulation, ist es dem Menschen möglich, sich selbst entschlossen aus der Umklammerung zu befreien, aber die Seele erlösen, das wird nur Christus selbst.

Ich habe viele mystische Erfahrungen gemacht und es sind unter anderem diese Erfahrungen und mein bedingungsloses Gottvertrauen, das mich GOTT erkennen und erfahren ließ. Ich beginne dieses Buch mit einer kurzen Beschreibung meines eigenen Weges des Erkennens, und so handelt es auch von dem inneren Brennen, Gott finden zu wollen.

Abschließend möchte ich den Leser noch bitten, dieses Buch mit dem Herzen zu lesen.

Vielen Dank.

1
Ver-rückt sein - Der Beginn

Gott wird alle ihre Tränen trocknen, und der Tod wird keine Macht mehr haben. Leid, Angst und Schmerzen wird es nie wieder geben; denn was einmal war, ist für immer vorbei.

Offenbarung 21,4

Ich saß mit meiner Familie an einem schönen Sonntagmorgen bei einer gemeinsamen Meditation, als ich plötzlich einen feurigen Geruch wahrnahm. Erst ganz fein, dann immer kräftiger. Ich war schon ein wenig beunruhigt, wartete aber noch ab, da die Meditation dem Ende zuging. So war es kurz vor Schluss der Meditation, als der Geruch so stark wurde, dass ich die Augen öffnete, um nachzusehen, ob es vielleicht irgendwo im Wohnzimmer Feuer gefangen hatte. Es war eine Mischung aus dem süßen Duft des Sandelholzes und einem sommerlichen, abendlichen Lagerfeuer. Nachdem alle die Augen geöffnet hatten, fragte ich meine Frau und Kinder, ob sie den Geruch auch so wahrnehmen würden wie ich.

Sie bestätigten mir, ihn ebenso zu riechen, und so schnüffelten wir wie die Spürhunde durch unser Wohnzimmer, um die Quelle des feurigen Duftes ausfindig zu machen. Nachdem wir alle eine Weile suchten, wurde mir bewusst, dass der so wundersame Geruch aus meinem rechten Handrücken ausströmte. Es war nichts zu sehen, nur zu riechen. Es strömte so intensiv aus meinem rechten Handrücken, dass das ganze Wohnzimmer danach roch. Selbst als ich am nächsten Tag meine Tochter von einer Freundin mit dem Auto abholte, fragte sie mich: „Papa hast du geraucht? Es riecht so nach Qualm hier." Ich erinnerte sie an meinen Handrücken und sie nickte verständnisvoll. Erst nach drei

Tagen war der Geruch wieder vollends verschwunden. Es waren dieser Art Erlebnisse und tiefgreifende Erfahrungen an Herz und Seele, die mir Antworten auf meine vielen Fragen gaben.

Viele Jahre war ich auf der Suche nach Antworten und jetzt endlich drangen sie in mein Leben. Es waren keine Erklärungen, sondern diese tiefgreifenden, teils mystischen Erfahrungen, die mein Leben nachhaltig veränderten.

So begann sich etwas Wundersames in mir zu öffnen. Es war, als wollte die kleine Rosenknospe, die sich all die Jahre in meinem Herzen verborgen hielt, nun aufblühen, um ihre ganze Schönheit zu offenbaren. So nahm sich das Leben meiner an und legte mir die Antworten, die ich tief in meinem Herzen gestellt hatte, auf eine sanfte und verständliche Weise mitten in mein Herz. Ganz langsam führte mich das Leben immer tiefer in mein zärtlichstes Innerstes. Es half mir dabei, die Rose inmitten meiner Brust, tief in meinem Herzen, zum Erblühen zu bringen. Ganz langsam, Blüten-blatt für Blütenblatt, dehnte sich die kleine Knospe aus. Mir war nicht wirklich bewusst, was während dieser Zeit in mir geschah, ich konnte nur dem Leben und den liebevollen Begegnungen und Aufforderungen, die es mir bot, Folge leisten.

So sehr hatte ich mich danach gesehnt, die Wahrheit in meinem Herzen zu finden und endlich Klarheit darüber zu erhalten, wer oder was ich wirklich bin. Spürte ich doch das Sehnen schon seit so vielen Jahren deutlich in mir. Ich war schon so lange auf der Suche und wollte endlich die Wahrheit finden. Ich wollte Klarheit haben, und ich sehnte mich so sehr nach Antworten.

Ich weiß nicht, ob es meine tiefgreifenden Gebete waren oder ob Gott einfach mein Herz und meine Seele für reif empfunden hatte, mir zu gestatten, die Sprache des Lebens zu verstehen.

Bereits mit 16 Jahren geschah es das erste Mal ganz bewusst. Ich träumte während eines Nachmittagsschlafes einen Traum, der mir die Zukunft deutete. Ich erinnere mich noch sehr deutlich daran, wie aufgeregt ich zu meiner Mutter lief und ihr davon erzählte. Ich erzählte ihr weniger von dem Inhalt. Es war mehr die Art des Traumes, die mich so bewegt hatte. Ich spürte, dass es mit diesem Traum etwas Besonderes auf sich haben musste, konnte es aber an diesem Tage nicht zuordnen. Mir kam es so vor, als hätte ich einen sehr intensiven und bewegenden Kinofilm angeschaut, alles war so lebhaft im Detail. Ich wusste zu diesem Zeitpunkt nicht, dass das der Beginn einer wundervollen Reise werden sollte, einer Reise zurück in mein Herz und in meine Seele. Eine Reise, die schon vor sehr langer Zeit begonnen hatte.

Der Traum erfüllte sich einige Jahre später vollkommen und in allen seinen Facetten.

So kam es auch dazu, dass ich im jugendlichen Alter begann, Erfahrungen mit Drogen zu machen. Glücklicherweise waren es keine starken halluzinogenen oder psychedelischen Drogen. Es handelte sich eher um die seichtere Variante, wie Marihuana und Haschisch. Irgendjemand hatte es angeschleppt und neugierig wie ich war, war ich plötzlich mit von der Partie. So vergingen drei Jahre, in denen ich mich komplett vergaß und ich nicht wusste, wo ich eigentlich hingehörte. Schon gar nicht war darüber nachzudenken, was ich mit meinem Leben eigentlich anstellen sollte oder wollte. Als sich dann, nach einem Drogenabend, alles veränderte und das Leben selbst mir eine Antwort darauf gab. So geschah es, dass ich an diesem Abend eine sehr außergewöhnliche Erfahrung machte.

Zu späterer Stunde begann ein junger Mann, den ich nicht kannte, von seiner verstorbenen Mutter zu erzählen. Er erzählte detailliert darüber, wie er einen Spaziergang an einem See machte und plötzlich ein weißes Licht sah, das über seinem Kopf erschien. Ich kann mich heute nicht mehr genau daran erinnern, was er alles über das Licht, die Erscheinung und seine Wahrnehmungen erzählte, aber nachhaltig veränderte diese Geschichte etwas in mir. Vielleicht war es die Erinnerung meiner Seele an die Schönheit des Lichtes. Ich hatte damals nicht sehr viel mit dem Tod zu tun. Es war noch niemand in meiner Familie gestorben und dennoch faszinierte mich das Thema Tod sehr. Mit 14 Jahren hatte ich ein Buch von Elisabeth Kübler-Ross über ihre Arbeit mit Sterbenden gelesen, und es berührte mich schon damals tief. Somit war mir das Leben nach dem Tod nicht ganz fremd. Aber während der junge Mann seine Erfahrung mit dem Licht immer detaillierter erzählte, muss diese Geschichte etwas in mir ausgelöst haben, denn als ich am nächsten Morgen, nach diesem Drogenabend, aufwachte, war ich in einem Bewusstseinszustand, der mir komplett neu war. Es war wirklich so, als wäre ich zum ersten Mal in meinem Leben aufgewacht. Es war alles so friedlich, so voller Kraft und Weisheit in mir. Ich war in einem Zustand voller Stille und ich weiß nicht, wie ich es hier beschreiben soll, aber mir war klar, dass keine Droge der Welt und auch keine unermessliche Menge an Drogen oder sonst etwas Künstlichem ausreichen würde, um dieses Gefühl, welches ich in diesem Augenblick so tief erlebte, zu erhalten. Es war ein wundervolles Gefühl des tiefen Friedens und heute weiß ich, dass sich mein Herz geöffnet hatte und dass irgendetwas in mir meine Seele rief.

Es war einfach wundervoll, es war himmlisch, wochenlang in diesem Zustand zu sein. In diesem Zustand weilend, veränderte sich dann so einiges in meinem Leben. Ich nahm plötzlich an vielen Straßenkreuzungen Jesuskreuze wahr, überall sah ich nun die Präsenz an Wegzweigungen. Nie zuvor waren mir diese Kreuze aufgefallen. Ich spürte deutlich eine Veränderung in mir aufkommen. Zu diesem Zeitpunkt war ich mir aber nicht bewusst, was das alles zu bedeuten hatte, und ich konnte dieses alles auch nicht einschätzen. Mir blieb nichts anderes übrig, als dem, was geschah, zu folgen. Ich erhielt ein inneres Wissen, eine Art von Verstehen und es war so, als ob mir jemand eine verdreckte Brille von den Augen genommen hätte.

Eine der Wirkungen dabei war es, fühlen zu können, wie sehr die Menschen litten. Ich erkannte, dass es den Menschen an unermesslicher Freude und Liebe fehlte.

Es war so intensiv zu spüren. Alles war so offensichtlich, warum konnten die Menschen es nur nicht selber sehen? Es lag an meiner Wahrnehmung, diese war plötzlich so fein und schien sich immer mehr zu sensibilisieren. Irgendwie konnte ich hinter ihr Unglücklichsein schauen. Ich kam mir vor wie in einem Film.

Die Menschen waren die Schauspieler und sie spielten ihre Rollen mit dem Höchstmaß an Ernsthaftigkeit. Es war so unfassbar, mit wie viel Freudlosigkeit die Menschen lebten, oder besser gesagt, mit welch einer ebenso großen Ernsthaftigkeit sie vor sich hinvegetierten. Sie waren so unbewusst, alles war so wichtig und ernst. Jede kleinste Kleinigkeit wurde zum Anlass genommen, um Schmerz und Leid zu diskutieren.

Was mich aber am meisten erschrak, war das Gefühl der fehlenden Freude. Mir fiel auf, dass die Menschen überhaupt nicht mehr lachten. Es war (fast) ein wenig unheimlich, Menschen mit ihren mürrischen, unzufriedenen und vom Leid geplagten Gesichtern zu sehen. Menschen, deren Gesichter tief in Gedanken versunken auf dem Asphalt klebten. Verspürte ich doch so viel Liebe und Freude in mir. Warum konnten das nicht alle fühlen? Zu dieser Zeit geschahen viele Veränderungen in meinem Leben und die meisten wohl zum Leidwesen meines direkten Umfeldes, denn die Menschen kamen mit mir nicht mehr klar. Sie hatten plötzlich einen Menschen vor sich, der durch Drogen verrückt geworden war. Zumindest sahen es die Ärzte und auch mein näheres Umfeld so. Ja ich war verrückt. In mir wurde etwas ver-rückt und zu meinem Glück an die richtige Stelle.

Nun ja, wie soll ich es beschreiben, plötzlich wusste ich, dass alles lebt. Ich fühlte, dass alles von einer nicht beschreibbaren, lebendigen, liebenden Kraft durchdrungen ist, und ich spürte diese Kraft des Lebens so deutlich in mir und um mich herum.

Auch verstand ich, dass ich diese Kraft unter anderem dazu nutzen konnte, Freude zu bringen. Es war alles so erfüllend, aufwühlend und aufregend zugleich.

Auf der anderen Seite war das neue Leben so nicht zu leben. Es war auch zu viel für mich. Keiner konnte meine neuen Gedankengänge nachvollziehen. Diese Bewusstseinsöffnung, der Blick in meine Seele, in mein Herz, das war so nicht zu machen. Nicht auf diese Weise. Außerdem verstand ich zu diesem Zeitpunkt nichts von dem, was mit mir geschah. Ich konnte mich nur auf die neu gewonnenen Gefühle und Erfahrungen stützen. Aber alle waren scheinbar gegen mich, und keiner, auch niemand in meiner Familie oder Freunde wollten dieses Leben mit mir teilen. Selbst wenn sie es gewollt hätten, sie hätten es nicht gekonnt. Nach dieser enormen Öffnung fiel ich dann für lange Zeit in extreme Depressionen. Ich möchte nur ganz kurz beschreiben, was das bedeutet. In den Tiefphasen, diese hielten immer so ca. drei Monate an, setzte eine totale emotionale und gedankliche Isolation ein.

Ich war nicht in der Lage, auf Gespräche zu agieren oder zu reagieren. Ich konnte nicht in die Öffentlichkeit gehen. Panikattacken bis zur Bewegungslosigkeit waren an der Tagesordnung. Oft saß ich stundenlang nur da und starrte an die Decke. Ich weiß bis heute nicht, wie ich es geschafft habe, in dieser Zeit noch ein Familienvater zu sein und mich um meine Familie zu kümmern.

In den Hochphasen kam das Wissen wieder zum Vorschein. In diesen Zeiten fühlte ich die Verbindung in meinem Herzen so deutlich. Ich wusste wieder, alles ist möglich. Diese Phasen waren mit der tiefen Suche nach Gott oder nach weiterem Wissen geprägt. Es gab Zeiten, in denen ich glaubte, das Gras wachsen zu hören.

In diesen Phasen beschäftigte ich mich mit den verschiedensten Themen, der Körpersprache, positivem Denken und vielem mehr. Ich verschlang Bücher über Bücher. Beginnend mit den Hochphasen hatte ich somit alle drei Monate ein neues Thema und jedes Mal war ich fest davon überzeugt: „Jetzt habe ich es gefunden."

Ich wusste zu dieser Zeit nicht, was in mir so stark suchte, aber die neuen Themen gaben mir erst einmal ein Gefühl von: „Ah, das ist es jetzt", damit lässt sich alles das, was ich suchte, erklären. Dass das ein großer Irrtum sein sollte, erfuhr ich erst 20 Jahre später.

Dann trieb alles auf die Spitze zu. Ich saß sieben Stunden im parkenden Auto irgendwo in der Nähe von Freising. In diesen sieben Stunden wollte mich die negative Stimme in meinem Kopf endgültig vernichten.

Die negativen Gedanken waren so dunkel, dass es nur noch darum ging, mich jetzt selbst zu töten. Es kamen dann Gedanken wie: „Bring dich um, jetzt. Es macht keinen Sinn zu leben." Dann konterte eine andere Stimme in mir: „Nein, was wird dann aus deinen Kindern und deiner Frau?" Dann wieder das Gegenargument: „Es ist besser für die Kinder, wenn du nicht mehr lebst." Und so ging es eine ganze Weile weiter.

Diese sieben Stunden veränderten mein Leben und ich kann heute Gott nur dankbar sein, dass Er ein Einsehen mit mir hatte. Eine so gravierende Selbstmordattacke wie diese kannte ich bis zu diesem Zeitpunkt nicht, und das machte mir wirklich Angst, irgendwann nicht mehr Herr der Lage zu sein. Es machte mir große Angst.

An dem darauffolgenden Tag ging ich zu meinem Hausarzt und beschrieb ihm meine Hochs und Tiefs und das damit verbundene zehrende Leben. Ich war fast ein wenig verwundert, dass es für mein Problem sogar eine Bezeichnung gab. Es gab mir eine Art von Sicherheit. Bis ich mich für Gott und die Liebe entschied und vollkommen heilte. Während dieses Jahres bekam ich dann noch Hodenkrebs, aber dieser konnte mit einem kleinen Eingriff heilen, ohne weitere Blessuren zu hinterlassen. Mein damaliger Urologe wollte mich aufschneiden lassen und alles Mögliche mit mir anstellen, er wollte sicher sein, dass der Krebs nicht gestreut hatte. Ich lehnte das alles ab. Während dieser Zeit gab es immer etwas in mir, das vollkommen im Vertrauen war.

Dem Leben mit dem Herzen begegnen

Eines Abends besuchte ich einen Vortrag über Spiritualität und Verschwörungstheorien. Als ich nun an der Reihe war und dem spirituellen Lehrer meine Fragen stellen wollte, geschah etwas Wundersames. Der Vortrag wurde von einem kleinen Kamerateam aufgezeichnet und ich sah aus dem Augenwinkel, wie der Kameramann sich gerade hinter den Vortragenden, dem ich gegenübersaß, bewegte. In dem Moment, als ich meine Frage stellte, antwortete zu meiner Überraschung nicht der Lehrer auf meine Frage, sondern der Kameramann hinter dem Lehrer. Er schaute mir unvermittelt, direkt und tief in die Augen und antwortete, statt dem Lehrer, mit den Worten: „Die Wahrheit findest du nur in dir selbst."

Es war wie ein Paukenschlag. In einem Bruchteil weniger Sekunden veränderte der Kameramann sich, und ich fiel in die tiefen Augen eines Ozeans von Weisheit. In meinem Kopf läuteten die Glocken. Ich war total ergriffen. Dieser eine Satz: „Die Wahrheit findest du nur in dir selbst!" Nichts war mehr wie vorher. Ich verließ völlig benommen den Vortrag, ohne mich daran erinnern zu können, ob ich am Ende noch mit dem Lehrer gesprochen hatte oder nicht. Es dröhnte in meinem Kopf nur noch dieser eine Satz: „Die Wahrheit findest du nur in dir selbst." Immer und immer wieder. Während der ganzen Fahrt auf meinem zweistündigen Heimweg konnte ich an nichts anderes mehr denken als an diese Worte.

„Die Wahrheit findest du nur in dir selbst."

Gott kann dem Menschen über die verschiedensten Wege eine Botschaft geben. Gott ist allzeit bereit dazu. So können große Seelen und Engel Menschen überstrahlen, um Botschaften zu übermitteln.

So machte ich mich weiter auf den Weg, die Wahrheit in mir zu finden, und nahm an meinem ersten spirituellen Seminar teil. Es öffneten sich weitere riesige Türen, noch mehr Wissen trat ein.

Alte suchende, spirituelle Hasen, die am Seminar teilnahmen, fragten mich, wie lange ich denn schon auf dem Weg sei. Ich glaube, sie waren über meine Art und Weise und vielleicht auch über das Wissen, welches ich von mir gab, verwundert.

Ehrlich gesagt, ich wusste nicht einmal genau, was sie eigentlich damit meinten.

Aber ich verstand all die Worte über Gott, die sie sprachen. Nichts von dem war mir fremd. So hinterließ das Seminar seine Wirkung, und in mir begann sich etwas stark zu verändern. Ich konnte deutlich spüren, dass meine Studien der heiligen Schriften des Hinduismus und der christlichen Schriften und der vieler Heiliger, wie das Wissen, welches ich im Kopf über all die Jahre angesammelt hatte, welches ich intellektuell verstand, nun langsam in mein Herz sickerte. Sehr gut erinnere ich mich daran, wie ich an einem Abend nach Hause kam und zu meiner Frau sagte: „Ich glaube, ich bin jetzt spirituell, ich habe keine Ahnung, was das bedeutet, aber es ist wohl so. Ich fühle so eine tiefe Veränderung in mir."

Wir hatten zu dieser Zeit beide keine Ahnung, was diese Worte bedeuten sollten.

Doch alles veränderte sich rasend schnell. Ich betrat die Autobahn des Bewusstwerdens. Ich überholte mich mit meinem inneren Wissen, mit meinen neuen Erkenntnissen immer wieder selbst. Immer wenn ich glaubte, die richtige Antwort gefunden zu haben oder neues Wissen in mich eindrang, hatte ich kaum Zeit, es zu verstehen oder zu integrieren. So ging es rasant weiter. Ich begann, tiefe Gebete aus meinem Herzen zu Gott zu sprechen. Ich wollte nur noch seine Liebe fühlen, mich ganz von ihm einnehmen lassen. Meine innere Führung funktionierte wundervoll und ich lernte besser zuzuhören.

Zu genau diesem Zeitpunkt galt mein Interesse dem geistigen Heilen. Ich saß gerade vor dem PC, als ich spürbar zu Armin Mattichs Homepage geführt wurde. Angesprochen von seinen Worten meldete ich mich sofort zu seinem Seminar an. Das Leben fädelte alles so ein, dass ich an diesem Seminar teilnehmen konnte.

Die Begegnung mit Armin war das zweitgrößte Geschenk Gottes in meinem Leben. Während seines Seminares hatte ich Visionen, machte tiefgreifende Erfahrungen und wurde auf eine sehr wundersame, liebevolle Weise in meinem Herzen und meiner Seele berührt. Etwas in mir konnte sich wieder an Gott erinnern. Der Kreis begann sich zu schließen. Ich kam mit der christlichen Mystik in Berührung, auch die Lebenskraft – das Mystische Feuer und die Kundalini[2] wurden in mir erweckt und vieles, vieles mehr.

Es ist einfach wundervoll, welche Prozesse und Fähigkeiten Armin in mir auslöste und später offenlegte. Ich begann mein wahres Herz zu fühlen und ich erkannte und erfuhr die Wahrhaftigkeit meiner Seele. In tiefer Liebe und Dankbarkeit bin ich ihm als Freund und heute als Kollege verbunden. So fand ich auch durch Armin zu Maya Storms. Armin öffnete mir die Tür zur Bereitschaft meines Herzens, einer so großen Seele wie Maya Storms[3] zu begegnen. Meine Begegnung mit ihr gehört zu dem wichtigsten und größten Geschenk in meinem Leben. Von Maya erhielt ich „das Wissen" – die Nähe zu Gott.

Von diesem Tage an, im November 2010, an dem ich das Wissen erhielt, war die innere Suche beendet und der Frieden in meinem Herzen begann stetig zu wachsen.

Auch wenn ich das alles erst Jahre später begreifen sollte.

Mit dem Beginn des Jahres, in dem ich das Wissen erhielt, begann ich die Huna-Ausbildung bei Dr. Diethard Stelzl. Dort kam ich mit Ho'oponopono in Berührung: Der Vergebung, dem hawaiiani-

---

2 Energetische Kraft, die vom Becken aus entfacht und durch starke Vibration und Hitze über die Wirbelsäule nach oben hinaufsteigt. Sie kann bis zur Erleuchtung führen. In dem Film „Das Wunder der Lebenskraft" wird die heilige Kundalini, die auch als Lebenskraft bezeichnet wird, wunderbar dargestellt und erklärt.

3 Maya Storms († 2016) gab über Jahrzehnte bis kurz vor ihrem Heimgang „das Wissen, die Nähe zu Gott", sie half unzählig vielen Menschen, tiefen Frieden und Erleichterung zu erfahren. Sie schreibt darüber in ihrem Buch „Das letzte Siegel", November 2015.

schen Vergebungsritual und dem hawaiianischen Vergebungsprinzip. Urplötzlich hatte ich einen so starken Drang, alles über die hawaiianische Art der Vergebung zu erfahren. So begann ich HUNA und die hawaiianische Vergebung zu studieren. Immer tiefer tauchte ich in die hawaiianischen Themen ein.

So kam es dann „zufällig" dazu, dass mich jemand fragte, ob ich nicht bei Dr. Lens Seminaren assistieren wolle. Dr. Len ist der mit Ho'oponopono bekannt gewordene Therapeut aus Hawaii. Im Jahre 2011 wurde ich dann bei zwei seiner Ho'oponopono-Seminare Assistent und lernte ihn persönlich kennen. Mehrere Mittag- und Abendessen gaben mir die Möglichkeit, ihn näher kennenzulernen. Seine Interpretation der Vergebung ist es unter anderem, die folgenden vier Sätze immer wieder zu wiederholen:

„Es tut mir leid."

„Bitte verzeih mir."

„Danke."

„Ich liebe dich."

Das faszinierte mich, und ich dachte mir: „Mehr ist nicht zu tun, nur die vier Sätze sprechen und dann kann ich Gott finden."

Auch wenn mein Herz und meine Seele bereits den Frieden Gottes erfahren hatten, so hatte ich mit meiner Persönlichkeit noch ordentlich zu kämpfen. So sprach ich die Sätze innerlich Tausende von Malen über Jahre hinweg. Das alleine veränderte vieles in meinem Denken und Fühlen.

Ich erkannte dann aber auch, dass es sich bei den Sätzen um ein Mantra handelte. Ebenso hätte ich auch „Om Namah Shivay", wie Babaji[4] es empfiehlt, oder ein anderes Mantra sprechen können. Dennoch bin ich heute sehr froh, dass ich mit den permanent gesprochenen, liebvollen Sätzen vieles in meinem Geist und somit

---

4 Babaji ist ein Mahavatar, also eine direkte Inkarnation des Göttlichen in einen menschlichen Körper – ohne menschliche Geburt. Zuletzt erschien und lehrte Babaji von 1970–1984 in Haidakhan.

auch in meinem Leben verändern konnte. Hatte ich doch ein Mittel gefunden, den Widrigkeiten des Lebens zu begegnen, dem Üblen in meinem Geiste Paroli zu bieten.

Das lange Vergebungsritual von Morrnah Simeona war für mich im Alltag nicht so leicht umzusetzen, auch wenn ich es über einen langen Zeitraum jeden Abend sprach. Ich begann dann intensiv Vergebung zu praktizieren. Hatte ich mit der Vergebung doch endlich etwas gefunden, was mein Herz verstand. Besser noch: Die Vergebung konnte ich zu jeder Zeit umsetzen, ohne dass sie mir jemand wegnehmen konnte. Ich hatte etwas gefunden, was dauerhaften Bestand hatte und hat. Vergeben kann ich immer und wann immer ich es will, es hängt nur von mir ab. Welch wundervolle Wahrheit. Dann begriff ich, dass Jesus wohl der größte Meister der Vergebung war und ist. Seine Worte am Kreuz – „Vater, vergib ihnen, denn sie wissen nicht, was sie tun" – berühren mich jedes Mal tief.

Je mehr ich vergab, desto deutlicher und klarer wurde mir, was mit der von Christus ausgesprochenen Bitte: „… denn sie wissen nicht, was sie tun", gemeint ist.

Es ist der unerbittliche Kampf des Menschen um die Liebe zu sich selbst und zu Gott. Der Kampf um die eigene Seele, das eigene Herz, um dann endlich zu erkennen, dass es der tiefe Schmerz der Trennung von Gott ist, der blind macht. Das Vergessen des wundervollen Zuhauses, in dem nur Barmherzigkeit und Frieden herrschen, dem wahren Licht. Es ist der Kampf um die wissende Liebe gegen die aufkeimende Gier und Macht, und die daraus resultierende Schuld. Es ist aber auch der scheinbar ewige Kreislauf des Karmas. Wie du mir, so ich dir.

Deshalb ist Vergebung der süße Nektar, der die Seele wieder dazu bringt, den Blick Richtung Warmherzigkeit und Freude auszurichten, damit Freiheit und Frieden wieder möglich wird. Dank Maya Storms und ihrem Buch „Das letzte Siegel" sind mir die Zusammenhänge der großen Seelen und der Religionen, und vieles mehr, bewusst geworden. Es intensiviert den tiefen Wunsch in mir, den Menschen noch mehr zu helfen, sich über die Vergebung wieder zu erinnern und ihrem Leben eine Wende zu geben. Vergebung ist nie vergebens.

Fazit

Die Wahrheit – Gott in meinem Herzen zu finden – hat mir alles gegeben: unendlichen Frieden im Denken und im Fühlen. Es gibt keine Fragen mehr. Kein Warum, Wieso, Weshalb. Die Antworten fließen aus meinem Herzen und hinterlassen nur Frieden. Jesus sagte: „Meinen Frieden gebe ich Euch, meinen Frieden lass ich Euch, nicht den Frieden der Welt, nur meinen Frieden." Jetzt beginne ich seine Worte zu verstehen.

Ich kann so viel nicht beten, wie es notwendig wäre, um mich bei Gott dafür zu bedanken. Aber, was ich tun kann, ist, zu versuchen, so viel wie möglich von dem Frieden an andere weiterzugeben. Denn wer gibt, der empfängt. Das klappt nicht immer so, wie ich es mir wünsche, aber ich kann dann immer um Vergebung bitten. Das Wichtigste in meinem Leben ist und bleibt aber die „Vergebung selbst".

Heute darf ich die Vergebung in meinen Seminaren lehren und Menschen können tiefgreifende, auch mystische Erfahrungen machen. So treten nicht selten heilige Düfte wie Weihrauch, Sandelholz, Rose und vieles mehr auf. Die Gnade und Milde Gottes ist spürbar, und es sind diese Erfahrungen, die das Leben eines Menschen nachhaltig verändern. Ich danke Gott aus tiefstem Herzen und der Tiefe meiner Seele für seine Liebe.

2
Der Anfang

Und das Glück, das für Selbsterkenntnis blind macht, das von Anfang bis Ende Täuschung ist und aus Schlaf, Faulheit und Illusion entsteht, gilt als Glück in der Erscheinungsweise der Unwissenheit.

Bhagavad Gita 18,39

Da ich mich nicht daran erinnern kann, wie alles begann und wie Gott alles erschuf, möchte ich die ersten Seiten nutzen, und diesen Sachverhalt in sehr vereinfachter kindlicher und bildlicher Sprache darstellen.

Bild 1: Gott, die allmächtige Liebe

Die absolute allmächtige Liebe, Kraft und Weisheit, der wahrhaftige Frieden – Gott – dehnt sich aus und erschafft seinen Sohn Christus und seine Dualseele. Die großen Seelen, Erzengel und Engel folgen seinem Wort in Liebe und Freude. Vor Äonen von Zeiten lebten viele wundervolle Seelen in Wahrhaftigkeit und Frieden miteinander im Einklang zusammen. Das kreative Erschaffen von immer mehr neuen Welten, Formen und Farben beseelte alle Seelen und sie lebten in tiefem Frieden, in Gottes allmächtigem Schoß.

Bild 2: Die Seelen und Gott in Liebe verbunden

Es ist die Seele, die fühlen kann, wie wahrhaftig Gott – das Leben – ist. Die allmächtige Liebe erfreute sich an dem Schaffen seiner Kinder: Der Erzengel, der Engel. Es gefiel Gott sehr und Er erschuf den Menschen nach seinem Ebenbild.

Bild 3: Der Mensch verbunden mit Herz und Seele

Die Menschen waren mit den Herzen verbunden und ihre Seelen fühlten die unendliche Verbindung des einen ewig liebenden Herzens.

Bild 4: Viele Seelen leben in liebender Verbundenheit mit Gott

Doch dann geschah etwas. Den Seelen, die nur mit der reinen Freude des Schöpfens und des Ausprobierens beschäftigt waren, fiel es am Anfang nicht auf. Einer von Ihnen hatte sich abgewandt und wollte selbst die Macht ausprobieren. Das Opfer, welches er dafür brachte, war, dass er auf die Liebe Gottes, auf die Barmherzigkeit der allmächtigen Weisheit verzichtete.

Bild 5: Der gefallene Engel will größer sein als Gott

Er erschuf seine eigene Welt. Basierend auf Macht und Gier, Angst und Leid, ohne Liebe und Wertschätzung. Seine Welt basiert auf der Grundlage des Prinzips von Herrschen und Teilen.

Bild 6: Das gefallene Engelreich dehnt sich aus

Sein Ziel war es, die immerwährende Begierde nach Wunscherfüllung voranzutreiben. Erfüllung durch materielle Güter anstelle von Liebe und Weisheit trennten das Herz und die Seele vom göttlichen Ursprung – dem Herzen Gottes. Unkontrollierte Gier, unkontrollierte Sexualität und unkontrollierte Triebe wurden das Werkzeug zur Entstehung von Angst und Schuld. Ein willkommenes Werkzeug der Verführung. Die Ablenkung, das Weglenken vom eigenen Herzen, wurde dadurch möglich. Die ersten negativen Erfahrungen wurden gemacht.

Bild 7: Das Üble trennt und verführt

Die Verbindung vom Herzen zu Gott trennt sich. Viele ließen und lassen sich noch immer verführen. Sie drehten der allmächtigen Liebe den Rücken zu. Macht und Gier wurden immer wichtiger. Das war die Art und Weise, wie sie von ihrem freien Willen Gebrauch machen wollten. Sie verloren ihre göttliche Anbindung, fühlten aber noch immer ihr Herz und ihre Seele.

Bild 8: Die Seele wird verführt und die Verbindung zu Gott löst sich langsam

Die Seelen trennten sich immer mehr. Die Verführungen wurden immer größer und undurchsichtiger. Sie verloren damit die direkte Erinnerung an Gott, zu der wahrhaftigen Liebe ihres Herzens und ihrer Seele. Sie verloren damit auch die Fähigkeiten, mit ihren Geistführern, Engeln und anderen liebenden Wesen zu kommunizieren. Ihre Herzen bekamen die ersten dunklen Flecken und die Seelen machten negative Erfahrungen von Schmerz und Leid.

Bild 9: Die Verbindung zur Seele geht verloren

Die Trennung war perfekt und der Mensch kann sich nun an nichts mehr erinnern, nicht einmal mehr an sein Herz und seine Seele und schon gar nicht an den göttlichen Ursprung.

Bild 10: Das Herz wird kleiner und kleiner

Das Herz wurde kleiner und kleiner und das Drama begann. Die Erinnerung an Herz und Seele verblasste zunehmend. Die wärmende Liebe seines Herzens wurde für die Dinge der Welt eingetauscht.

*Bild 11: Herz und Seele sind im Hintergrund und erinnern
sich nicht mehr an Gott*

Von dem Versprechen der Macht verführt, folgten viele Seelen und sie zahlen alle einen sehr hohen Preis dafür. All das findet in einer inneren Welt statt. Doch der Mensch ist sich dessen nicht bewusst. Mit den menschlichen Körpern und seinen physischen Augen sieht der Mensch nur das vermeintliche Außen. Dies ist nun zum Ort geworden, wo die Menschen ihre Seelen und ihr Herz nicht mehr finden können, zumindest nur unter sehr schweren Bedingungen. Das tut sehr weh.

*Bild 12: Die Verbindung ist gänzlich getrennt,
Angst und Leid sind fühlbar*

Das Außen und Kinder

Wer aber einen dieser Kleinen (Seelen), die an mich glauben, zum Abfall verführt, für den wäre es besser, dass ein Mühlstein an seinen Hals gehängt und er ersäuft würde im Meer, wo es am tiefsten ist. MT 18,6

Das Außen

Es liegt eine dunkle Wolke wie ein Schleier zwischen deinem göttlichen Herzen, welches du inmitten deiner Brust spüren kannst, und Gott selbst. Das ist der Grund, warum du Wahrheit nicht mehr sehen und hören kannst.

Der gefallene Engel, die dunkle Seite erschafft eine sehr ausgeklügelte, eigene Welt der Verführung und Ablenkung von Gott. Die Erde dient uns nun als Schulungsort, insbesondere, um Vergebung zu lernen.

In der hinduistischen Philosophie, insbesondere im Advaita Vedanta wird von der täuschenden „Maya[5]" als die Illusion gesprochen, die überwunden werden muss. Die täuschende Maya hat im Übrigen nichts mit Maya Storms gemeinsam.

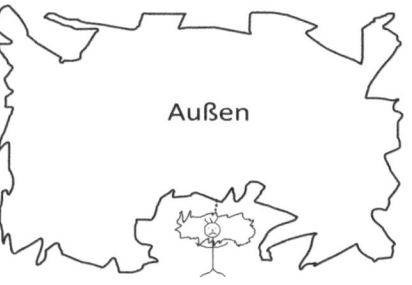

Bild 13: Das Außen, der Ort der Sinne und Eindrücke

---

5 Die Illusion, Maya genannt, wird auch als indische Göttin gesehen. Sie nimmt im Advaita Vedanta eine besondere Rolle ein. Maya täuscht die Sicht des wahren Selbst durch Begrenzung und Verblendung. So kann das Ich die Realität nur psychisch und mental verstehen und das wahre Selbst wird dadurch am Erkennen gehindert. Um das Selbst zu verwirklichen, muss Maya, die Täuschung, überwunden werden. (Seite 33)

Die Seelen sind nun mit einem Körper bekleidet. Nur, dass dieses Kleid viel zu eng für die Seele ist. So bekleidet fanden sich viele auf der Erde, an diesem Ort, wieder. Ein Ort, an dem alle Dinge besser wahrgenommen werden können als das eigene Herz. Es ist das vermeintliche „Außen".

Was ist das Außen?

Das Außen ist der Ort geworden, an dem du im Kleid deines Körpers, mit deinen Sinnen, dem Hören, Riechen, Schmecken, Fühlen und dem Sehen das Außen wahrnehmen kannst. Es ist auch der Ort geworden, in den du hineingeboren wirst, um dann deine Gedanken, deine Gefühle, deine Taten und deine Handlungen wahrzunehmen. Es ist der Ort, an dem du dich jetzt wiederfindest. In diesem Augenblick nimmst du ihn mit deinen Sinnen wahr. Außen deshalb, weil die Dinge gefühlt im ersten Moment äußerlich an dich herantreten.

Nimm dir mal kurz Zeit und schau dich in deiner Umgebung um. Was nimmst du wahr? Was siehst du? Du siehst deine Hände, wie sie dieses Buch halten, deine Beine, ein Fenster? Was hörst du? Welche Geräusche treten an dein Ohr? Ebenso dein Atem und das Fühlen der Temperatur. Das nimmst du alles im Außen wahr.

Dein physischer Körper befindet sich ebenso gänzlich hier, im Außen. Wie deine Gedanken und Gefühle. Bitte halte mal einen Moment inne und beobachte deinen Atem. Atme einmal, ohne dein Atmen willentlich zu beeinflussen, beobachte ihn einfach nur. Beobachte deine Hände und deine Beine, ohne sie zu bewegen, beobachte dein Denken und Fühlen. Nur für einen Augenblick. Kannst du das? Und dann frage dich, wer der Beobachter ist. Wer ist es, der das alles wahrnimmt? Wer kann im Außen sein und dennoch innerhalb wahrnehmen? Wer ist es, der deine Gedanken beobachtet? Wer deine Gefühle? Also muss es etwas geben, das beobachten kann, denn du kannst den Akt des Beobachtens wahrnehmen. Das, was beobachtet, ist deine Wahrnehmung selbst. Die Wahrnehmung hat mehr mit dir selbst zu tun als dein Körper oder deine Gedanken. Diese Wahrnehmung ist eng mit deinem Herzen und deiner Seele verbunden. Nur hast du es vergessen oder vielleicht wurde es dir auch einfach nur aberzogen, deiner Wahrnehmung zu vertrauen, aber dazu später Näheres.

Kinder

Erinnere dich mal an ein kleines Kind. Wie unschuldig und frei von Urteilen und Wertungen ein kleines Kind auf diese Welt kommt. Es nimmt diese Welt mit dem dünnen Schleier der Verbundenheit des Herzens wahr.

Das Außen ist für ein kleines Kind noch nicht so relevant. Es kann nicht sprechen und in den ersten Wochen kaum sehen. Was kann es stattdessen? Beobachten und fühlen. Seine gesamte Wahrnehmung steht zu 100 Prozent auf Empfang. Es beobachtet und fühlt seine Welt sehr sorgfältig. Der Schleier zum Herzen ist noch immer da, aber sehr dünn und kleine Kinder strahlen die Verbindung zu Gott noch deutlich durch ihr Herz aus.

Es ist diese Verbundenheit ihrer Seelen mit Gott, die die Menschen spüren, und das ist es, was ihr Herz berührt, wenn sie kleine Kinder sehen. Es ist diese zärtliche, unsichtbare Verbindung, die spürbar ist. Es sind die großen unschuldigen Augen eines Kindes, tief und ehrlich, die dich an etwas sehr Wesentliches erinnern. Es ist das ganze Wesen eines Kindes, es ist so zart und alles bejahend und noch ganz frei. Es sind die tiefgründigen Augen, der Spiegel der Seele, in denen sich das Herz noch frei ausdrückt. Es berührt Herzen, wie Kinder mit Kreide Engel und Feen auf die Straße malen. Vollkommen in sich gekehrt und im vollen Einklang mit dem Leben zeigen sie ihre Präsenz, indem sie einfach so sind, wie sie sind. Kinder Gottes.

Sie durchdringen mit ihrem Herzen und mit ihrer Seele das Außen und bringen das Licht hinein.

Kinder spüren die Verbindung zu Engeln und Geistführern noch deutlich.

Ein Kind wird sich erst mit zunehmendem Alter der äußeren Welt bewusst.

Das „Ich", die Persönlichkeit, ist in diesem Stadium noch nicht entwickelt.

Bild 14: Kinder fühlen die Präsenz von geistigen Wesen noch deutlich

Aufgrund von Konditionierungen, die schon seit Äonen von Zeiten weitergegeben werden, wird dem kleinen unschuldigen Kind nun die Wahrheit des Herzens aberzogen. Es liegt ganz einfach daran, dass die meisten Menschen sich ihrer nicht bewusst sind. Sie sind mit ihrer Wahrnehmung in dieser äußeren Welt verhaftet und somit wird dem Kind eine Welt voller Begierden und Wünsche vermittelt und gelehrt.

Eine Welt voller Schuld und Angst. Eine Welt vollgepackt von Unwissenheit!

Und da die Menschen nicht wissen, was sie tun, ziehen sie die kleinen Kinder mehr und mehr in eine Welt des Verstandes hinein. In eine Welt voller rationaler Erklärungen oder besser gesagt in eine Welt voller Verklärung.

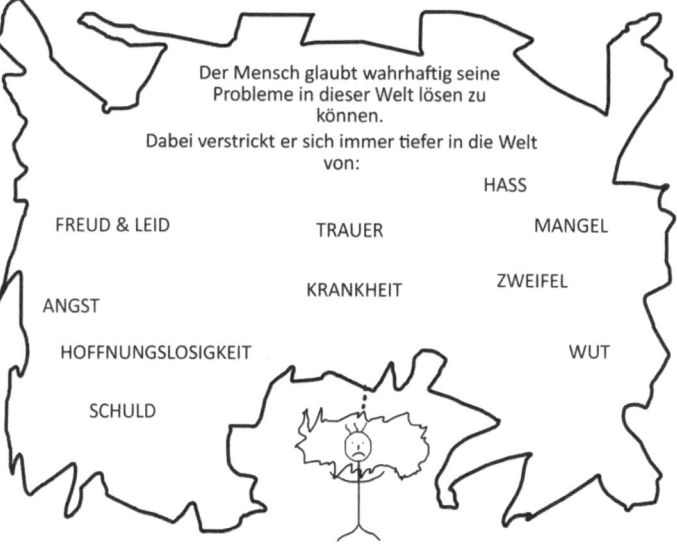

Bild 15: Das Außen, eine Welt, in der Angst und flüchtige Freude vorherrschen

So wird ein kleines Kind während der Schwangerschaft und in den ersten Lebensmonaten und Jahren unentwegt mit den Gegebenheiten dieser Welt konditioniert. Ihm werden Gedanken und Gefühlsmuster vorgelebt, bis es diese adaptiert und diese Muster als real erfasst hat. So lange, bis es daran glaubt oder glauben muss, denn die reine Wahrheit des Herzens weiß kaum ein Mensch noch vorzuleben.

Es ist auch nichts Neues, das kleine Kinder, die von sich selbst erzählen, grundsätzlich in der dritten Person sprechen. Sie haben einfach noch keinen Bezug.

So sagen sie zum Beispiel: „Sascha hat Durst." – „Sascha will nicht Heia machen." – „Sascha will auch Eis essen." Irgendwann kommt dann der Zeitpunkt, wenn das Kind „Ich" sagt. Ich habe Durst. Ich will auch Eis essen. Ich will nicht schlafen. Sobald ein kleiner Mensch das „Ich" akzeptiert hat, es sich selbst nicht mehr in der dritten Person anspricht, haben Herz und Seele dem Verstand Platz gemacht. Ab diesem Zeitpunkt beginnt die Unterteilung in „deins" und „meins". Es beginnt das Ur-teilen. Mein Spielzeug, meine Puppe, mein Eis, und damit beginnt auch die Akzeptanz von Schmerz und Leid, denn durch „deins" und „meins" wird auch die Abhängigkeit an Bedingungen verknüpft. Wenn … du … dann! Wenn du meine Puppe einfach nimmst, ohne mich zu fragen, dann werde ich aber böse.

Bild 16: Die Verbindung zu Engeln und innerem Wissen
trennt sich mehr und mehr

Ab diesem Augenblick werden Geschichten gesammelt. Meine Verletzungen, meine Enttäuschungen, meine fehlende Anerkennung usw. Alles wird zu einer Geschichte von Angst von Verletzungen, von Schmerz und Leid. Der Geschichte, die den Menschen nur allzu gut bekannt ist. Diese Geschichte wird nun von Generation zu Generation, von Eltern und Ureltern erzählt und vorgelebt, sie wird erfahren. Diese Geschichte beginnt, sobald sich ein Kind an sein „Ich", seine Persönlichkeit gewöhnt hat. Dann beginnt das Vergessen. Die Erinnerung an das eigene Herz wird mehr und mehr gelöscht.

Kleine Kinder werden so erzogen und konditioniert, dass sie sich letztendlich mit ihrer Persönlichkeit, mit ihrer Geschichte identifizieren, und alles das, ohne die Wahrhaftigkeit des Herzens und der Seele, die von Gott kommt, zu berücksichtigen. Ist das schlimm? Ich weiß es nicht. Ich finde es ein wenig traurig, aber es ist der Lauf der Dinge. Für mich ist wichtig zu wissen, dass ich diese Geschichte jederzeit ändern kann. Schmerz ist die Abwesenheit von Liebe, Güte und Barmherzigkeit.

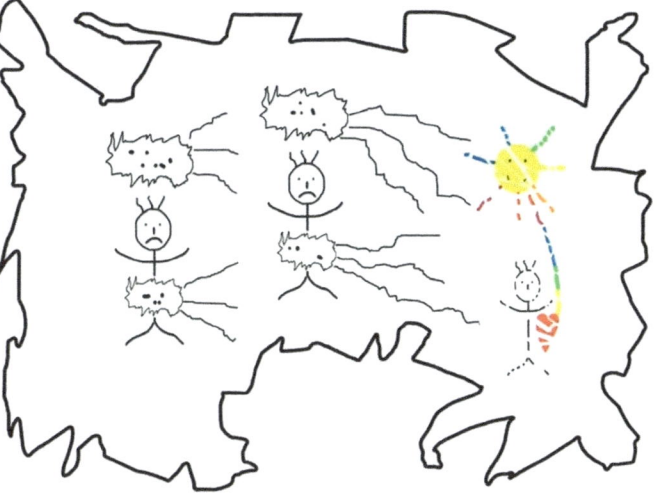

Bild 17: Die Wahrnehmung wird komplett in die äußere Welt gezogen

Eine Erinnerung

Ich erinnere mich daran, dass meine kleine Tochter, als sie noch sehr klein war, immer von einem Wesen erzählte, das sie begleitete. Das Wesen war bei jeder Gelegenheit dabei. Beim Essen, dem Spazierengehen, im Zoo, einfach überall. Damals war ich noch nicht bewusst, und wir taten das als lustigen Unfug ab. Aber dieses Wesen war meiner jüngeren Tochter so nahe. Heute würde ich anders damit umgehen, ich würde fragen: „Wer ist das genau an deiner Seite? Wie heißt das Wesen und kannst du mit ihm reden?" Ich würde ihr Mut machen, mehr zu erfahren. Ebenso wie ich es in den letzten Jahren mit meinen Kindern getan habe und noch immer tue.

Als ich 2009 so stark in mein Herz geführt wurde, blieb es auch nicht aus, dass ich mehr und mehr wagte, in der Familie über meine Erfahrungen zu sprechen.

Als ich dann begann von Engeln zu reden und meiner größeren Tochter Mut machen wollte, daran zu glauben, erzählte sie mir zu meinem Erstaunen, dass an dem Tag, als ihre Oma starb, ihr eine kleine goldene Lichtkugel auf ihrem Bett erschien. „Innerlich wusste ich, dass es Oma war", sagte sie mir einfach so. Ich bekam eine Gänsehaut, ebenso wie ich sie jetzt bekomme, während ich das schreibe. Unsere kleinen im Herzen unschuldigen Kinder, wissen und erfahren viel mehr, als wir es uns nur vorstellen können. Heute reden wir offen in der Familie über unsere Erfahrungen, die wir machen. Teilweise sind es auch christliche, mystische Gotteserfahrungen, und es sind immer die schönsten, die uns am tiefsten berühren. Offenen Herzens tauschen wir uns darüber aus. Ich bin sehr dankbar dafür.

Die äußere Welt - Schmerz und Leid

Ich beobachtete alle Taten, die unter der Sonne getan wurden. Das Ergebnis: Das ist alles Lufthauch und Luftgespinst.

Kohelet 1,14

Der Mensch findet sich jetzt in der projizierten äußeren Welt wieder und versucht hier seine Probleme zu lösen. Diese äußere Welt ist auf Unwissenheit, Schuld, Angst, Schmerz und Leid aufgebaut. Mit jedem negativen Gedanken und Gefühl verstrickt der Mensch sich zunehmend in dieser Welt. Alles, was er in dieser Welt wahrnimmt, erinnert ihn an dieses Gefühl von Schmerz und Leid. Das ist der Kreislauf, Schmerz und Leid, es ist wie ein Hamsterrad.

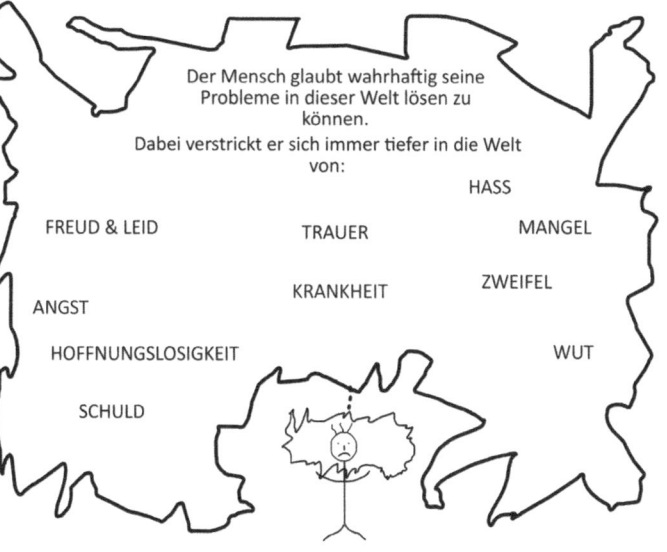

Bild 18: Die Welt im Außen, Schmerz und Leid wird erfahren

Und alles nur, weil er sich nicht mehr an sein Herz erinnern kann. Und an die göttliche Verbindung. In diesem Moment beginnen die Schuldzuweisungen.

Bild 19: Die göttliche Verbindung

Ein willkommenes Werkzeug des Egos, das nicht möchte, dass sich die Menschen wieder erinnern, wer sie sind. Schuld gibt gleichzeitig das Gefühl von Ohnmacht. Somit hat der Mensch das Gefühl, ohnmächtig zu sein, und gibt sich seiner Ohnmacht unwissend hin. Er gibt seine Macht ab. Die Seele der Menschen ist ein willkommenes Opfer, das sich im Fluss des Leidens und der Verführung treiben lässt.

Dadurch fühlt sich der Mensch unbequem und auf eine gewisse Weise unwohl in seiner Haut. Er versucht nun, mit allen Mitteln an diesem Ort des Außen seine Probleme zu lösen. Das ist grundsätzlich logisch und auch nachvollziehbar.

Er macht nur einen Fehler: Er nutzt dafür seinen Verstand, ohne das Herz mit einzubeziehen, und bemerkt dabei nicht, wie er immer tiefer in den Austausch von Schuldzuweisungen und gegenseitigen Verletzungen treibt.

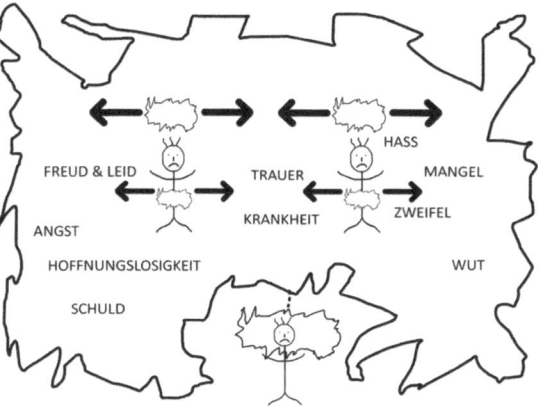

Bild 20: Schuldzuweisung – ein gutes Mittel für Angst und Schrecken

Er dreht sich im Kreis in einer Welt voller Wahnsinn. In einer Welt, in der es scheinbar keinen wahren Frieden gibt. Zumindest so lange nicht, bis jeder einzelne Mensch erkennt, was hier wirklich läuft. So liegt es an jedem Menschen selbst, sich auf die Reise zu machen und herauszufinden, warum er auf dieser Erde keinen Frieden fühlen kann.

Sobald die in ihm schlummernde Erkenntnis erwacht, dass er selbst mehr ist als nur sein Körper, mehr als seine Gedanken und Gefühle, erfährt er, dass die Seele sein wahres Ich ist. Dann, und erst dann kann die Reise nach Hause beginnen – in das Herz Gottes. Da er aber das alles scheinbar vergessen hat und nicht immer mit „dem Herzen denkt und dem Verstand fühlt", erfährt er auch die eine oder andere Verletzung und teilt dementsprechend Verletzungen und vielleicht auch harsche Worte aus. Das ist der wahre Grund, warum die Seele immer wieder inkarniert.

Es geht um Wiedergutmachung, um Vergebung, um Frieden, Freude und Humor, um Dankbarkeit und Liebe. Erst, wenn der

Mensch feststellt, dass er selber keinen wahrhaften Frieden fühlt, erwacht in ihm die Erkenntnis, dass etwas nicht stimmt. Es ist die Sehnsucht in seinem Herzen, die erwachen muss, die Sehnsucht nach Frieden. Der Mensch muss den tiefen Wunsch haben, seine Seele wiederzuerkennen, und er muss fühlen, dass die Seele sein wahres Zuhause ist. Er muss erfahren, dass das Herz die Verbindung zu seiner Seele ist und nicht seine Vorstellungen von Schmerz und Leid. Die Seele wird durch das karmische Gesetz des Ausgleiches immer wieder gezwungen neu zu inkarnieren, aber sie hat nach dem Tode auch ausreichend Zeit, sich auszuruhen. Sie kann dann in aller Ruhe auf alle Situationen des vergangenen Lebens schauen. Sie kann Fehler erkennen und sich vornehmen, in dem nächsten kommenden Leben, positive Eigenschaften zu entwickeln. Zum Beispiel Vergebung zu erlernen. So wird die Seele immer und immer wieder in diese scheinbar vom Herzen getrennte Welt geboren, bis sie wieder lernt, auf ihr Herz zu hören, dem Herzen Gottes.

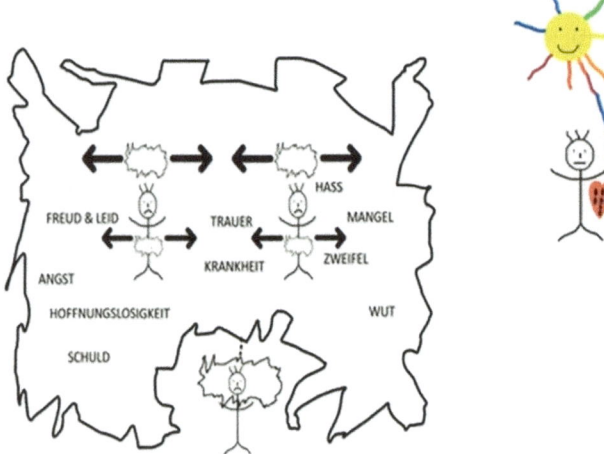

Bild 21: Die Seele überlegt, was sie in der nächsten Inkarnation wiedergutmachen – wandeln – möchte

3
Die alte Dampflok:
Mit festem Willen ahnungslos ans Ziel

Ja, ich sage es noch einmal: Sei mutig und entschlossen! Lass dich nicht einschüchtern, und hab keine Angst! Denn ich, der Herr, dein Gott, bin bei dir, wohin du auch gehst."

Josua 1,9

Sobald Gott einer Seele Entrückungen gestattet und sie sich seiner, auch nur für einen kurzen Moment gewahr wird, wird eine Seele sich entscheiden zu vergeben und den Weg zurück ins Herz anzutreten. So entzieht sie sich dem negativen Denken und Fühlen, den Sinnen. Sie befreit sich aus dem Gefühl, ohnmächtig zu sein, und stemmt sich gegen das Verstandsdenken, dem Ego. Sie wird wieder mächtig und bekommt ihre innewohnenden Kräfte langsam, aber stetig zurück. Der Mensch fängt dann langsam und zaghaft an, über Vergebung, Hingabe, Demut, Wertschätzung und andere Tugenden nachzudenken, und wer er wahrhaftig ist und woher er einst gekommen ist. Je mehr Willen er dazu aufbringt, desto schneller findet der Mensch zurück in sein Herz.

Ich stemmte mich entschlossen und mit aller möglichen Kraft gegen alle Widrigkeiten, die sich mir in meinem Leben in den Weg stellten. Ich schaufelte mich gegen alles, was sich mir und meiner großen Liebe Gott in den Weg stellte, frei und hatte dabei lange Zeit folgendes Bild vor Augen:

Ich sah mich einen Zug besteigen, ohne zu wissen, wohin die Reise gehen sollte. Genau genommen betrat ich die Lok des Zuges, eine sehr alte, aber schöne und kraftvolle Dampflok. Ich betrachtete in Ruhe den gesamten Zug. Es waren sehr viele alte und teils sehr unschöne Waggons zu erkennen. Ich konnte aber nicht in die Abteile schauen oder näher in die Waggons einsehen. Und wollte das zu diesem Zeitpunkt auch nicht. So bestieg ich das Führerhaus der alten Dampflok. Als ich mich in ihr umsah, bemerkte ich, dass die alte Lok tatsächlich noch mit Kohlen beheizt wurde.

Eine etwas in die Jahre gekommene Schaufel stand neben dem Kessel und intuitiv spürte ich eine Aufforderung in mir. Es war die Schaufel, die mich jetzt anlachte, und mir war klar, dass es darum ging, Kohlen in den Kessel zu schaufeln. Also nahm ich die Schaufel und begann Kohlen in den Kessel zu schippen. Es war ein erhebendes Gefühl, zu erleben, wie jede mit Kohlen vollgeladene Schaufel, die ich in den Kessel warf, die Dampflok langsam, aber stetig auf Fahrt brachte. Ich begann immer schneller und intensiver den alten Kessel unter Dampf zu setzen. Mich interessierte nur das Schaufeln der Kohlen. So war ich nicht darauf bedacht, die Lok zu führen, sondern nur den Kessel anzuheizen.

Die alte Dampflok selbst schien ihren Weg bestens zu kennen. Über Stunden war ich sehr mit dem Schaufeln beschäftigt, so sehr, dass ich nicht bemerkte, wie der Kessel immer mehr Druck aufbaute. Die kleine Anzeige lag schon lange im roten Bereich. Ich schwitze, und es war heiß. Wie von Sinnen begann ich nun ohne Unterlass den Kessel zu befüllen. Es muss wirklich verrückt ausgesehen haben. Ein junger Mann schaufelt wie von Sinnen Kohlen in den Kessel einer alten Lok, während diese in immer höherem Tempo führerlos an Fahrt zulegte. Tage und Wochen vergingen, während ich in ekstatische Zustände geriet.

Je mehr ich schaufelte, desto ekstatischer wurde ich. Angetrieben von dem festen Willen, die alte Lok auf Volldampf zu bringen, gab ich alles, immer mehr. Ich bemerkte dabei nicht, wie schnell wir fuhren, und auch nicht, wie sich immer mehr alte Waggons unter krachendem, lautem Getöse vom Zug trennten. Alte, längst überholte Waggons, die dem Tempo nicht mehr standhalten konnten, brachen entzwei. Hörte ich es irgendwo krachen oder zischen, schaufelte ich einfach noch weiter und weiter. Die Fahrt ging auch über alte, sehr lange Holzbrücken. Manch ein Ingenieur hätte diese sicherlich für unbefahrbar gehalten, aber ich hatte keine Zeit, dem Beachtung zu schenken oder abzuwägen, ob die Brücke standhalten würde oder nicht. Es gab für mich nur ein Ziel: Dampf machen und Fahrt aufnehmen. Oft brachen die Brücken, noch während ich darüberfuhr, unter donnerndem Krachen in sich zusammen. Es war mir egal, ich war beseelt von dem Wunsch, die alte Lok anzuheizen.

Ich wusste bis dahin nicht, dass ich den göttlichen Zug bestiegen hatte, der, wenn er einmal entschlossen betreten wird, nur einen Weg kennt: direkt in das Herz Gottes. Ja, es krachte und krachte und manches Mal erschrak ich, aber ich wagte nicht, den Kopf zu heben, und schaufelte im Schweiße meines Angesichts die Kohlen in den lodernden Kessel. „Ich schaufelte meine Ängste und schweren Lebenssituationen in den Kessel Gottes. Hinein in das Feuer der Liebe."

Es ist jetzt, während ich das schreibe, ein halbes Jahrzehnt vergangen, in dem ich unaufhörlich schaufle. Manches Mal war ich erschöpft, müde und richtig erledigt, aber eines habe ich nicht verloren, den eisernen Willen zu schaufeln. Wenn ich nun zurückblicke auf die letzten sechs Jahre, so kann ich etwas Wundervolles feststellen. Etwas Wesentliches hat sich verändert. Ich schaufle noch genauso, aber es ist so, als würden deutlich weniger Kohlen benötigt. Die sehr alte liebevolle Dampflok bedarf nicht mehr eines so hohen Tempos. Die Fahrt geht langsamer vonstatten, und es bleibt Zeit für mich, mir den Schweiß von der Stirn zu wischen. Mutig wage ich es, aus dem Fenster zu schauen. Was ich sehe entzückt mich dermaßen, dass ich hier keine Worte finde, es zu beschreiben. Es ist, als könnte ich mit meinem Herzen sehen.

Die alten Waggons sind längst alle abgehangen. Ich hatte es fast nicht bemerkt, so eifrig war ich damit beschäftigt zu schaufeln.

Heute fährt die alte Dampflok ruhiger, aber stets in ihrer gewohnten Kraft. Ich habe einige kleine Bahnhöfe passiert und es wurden neue Waggons angekoppelt. Wunderschöne Waggons mit einer so wundervollen Ausstattung und vollgestopft mit Überraschungen.

In einem Waggon kann ich Seelen erkennen, mit denen ich schon sehr lange in tiefer Liebe verbunden bin. Sie gesellen sich zu mir und lassen mich wissen, wie sehr sie sich freuen, weil ich es geschafft habe. Es ist so wundervoll, jetzt ein wenig auszuruhen und die Fahrt ein bisschen zu genießen. Jede einzelne Schaufel, die ich in den letzten fünf Jahren voller Hingabe in den glühenden Ofen geschaufelt habe, waren unentwegte Gebete der Vergebung. Jede einzelne Kohle war ein Erinnern an meinen eigenen Schmerz.

Die alten Waggons an der Lok waren: meine Ängste, meine Leiden, mein Urteilen, mein Verurteilen, meine Unwissenheit davon, dass Gott mich wirklich liebt. Es ist das Vergeben von schmerzvollen Situationen im Alltag. Ich habe sie im Feuer der alten Lok, dem Herzen Gottes verbrannt. Ich vergebe und vergab allem und jedem ohne Unterbrechung. Dem Vordrängler an der Kasse, dem Drängler auf der Autobahn, dem Kriegsführer, den Politikern, den Ungerechten, den Gerechten, meinen eigenen Ängsten, wie Zweifel, Ohnmacht, Wut und Hass. Ich wurde zum Detektiv und spürte und spüre jede einzelne Kränkung in mir auf. Schaufel für Schaufel. Den Schmerz, die Trauer und die Ohnmacht, die aufkam, überrumpelte ich mit noch mehr Schaufeln, der Vergebung.

Ich betete zu Gott, er möge mir gestatten, ein liebender und gütigerer Mensch zu werden. Das waren meine Schaufeln in den letzten sechs Jahren und sie sind es, die ich täglich unermüdlich in die Waagschale werfe.

Ich schaufle noch immer ausdauernd Kohlen in den Kessel, aber jetzt sind es mehr und mehr tiefgreifende Gebete, die ich aus meinem Herzen an das Herz Gottes lege. Vom Grund meines Herzens bat ich ihn um mehr Liebe und darum, mehr Güte leben zu dürfen. Seine Liebe. Ich wünschte mir mehr Kraft, noch mehr vergeben zu können. Dabei hatte und habe ich nur ein Ziel: Ich möchte damit sein (Gottes) Herz erfreuen. Es ist sein Wille, der geschieht, und ich bin zutiefst dankbar, dass ich diesen Zug besteigen durfte. Bis heute weiß ich nicht, wer mir dieses Ticket ausgestellt hat. Wer es mir erlaubt hat, mit dieser erhabenen und ehrwürdigen Dampflok fahren zu dürfen, aber mit meinem ganzen Herzen und meiner ganzen Seele möchte ich alles das, was ich erhalten habe, zurückgeben.

Es sind viele Seelen, die sich dieser Situation gerade in der jetzigen Zeit bewusstwerden. Sie suchen mit allen Mitteln nach einem Ausweg und nach Hilfe. Ebenso gibt es Menschen, die an der Macht und an der Gier festhalten wollen, weil sie glauben, dass ihnen das die meiste Befriedigung gibt. Es ist deine ganz persönliche Entscheidung, ob du den Zug betreten willst oder nicht. Es ist weder richtig noch falsch, auch wenn du es nicht tust. Aber wie fest bist du entschlossen, dein Herz zu finden? Wie fest bist du entschlossen, dein Herz und deine Seele zu vereinen? Willst du das um jeden Preis? Du kannst ein bisschen dies und ein bisschen das machen. Du kannst ein wenig der einen Lehre folgen oder der anderen. Vielleicht löst du auch das eine oder andere Problem dabei. Aber was willst du? Willst du Probleme lösen oder dein Herz finden? Ich habe mal gelesen: „Wenn du dich für die Liebe entscheidest, dann setze alles auf eine Karte." Es ist dein Herz, das alle Antworten kennt, dein Herz stellt keine Fragen. Wie ich es schon sagte, es ist alles deine Zeit, du bist hier auf Erden. Was willst du tun?

Problemlösung oder Gott finden

Wie sehr bist du daran interessiert, dein Herz zu finden? Ich meine, bist du dir wirklich bewusst, dass du Gott, das Leben, die Stimme deines Herzens, finden kannst?

Oder ist es eher so, dass du deine kleinen Probleme im Alltag erleichtern möchtest, damit es dir im Leben gutgeht. Beides ist möglich, es ist weder gut noch schlecht. Es stellt sich nur die Frage, was du wirklich willst. Das eine wie das andere ist o. k.

Ich möchte dir den Unterschied zwischen beidem erklären. Wenn du versuchst, deine Probleme zu lösen, wirst du immer mit Problemlösungen beschäftigt sein, weil du den Kern, die Ursache des Problems, nicht erkennst. Dein Leben wird vielleicht etwas leichter sein, aber die Probleme bleiben. Du bleibst im Leben voller Schmerz und Leid. Du versuchst deine Probleme hier zu lösen, im Außen, das die Freiheit des Herzens um jeden Preis verhindern will.

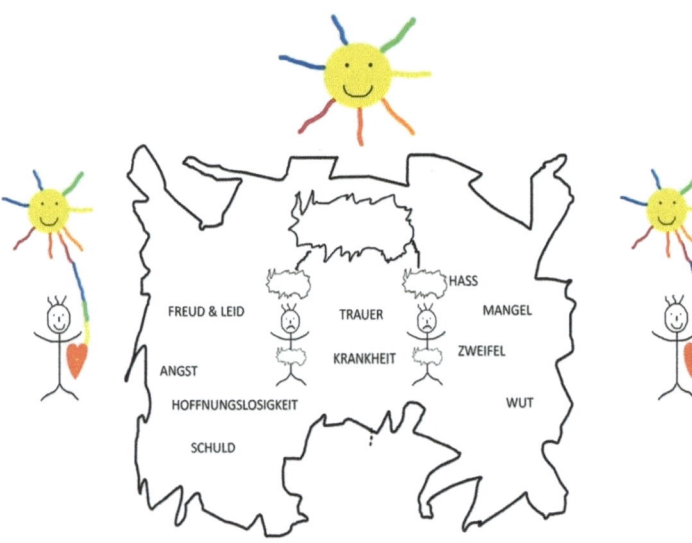

Bild 22: Das Außen verhindert, dein Herz und deine Seele finden zu können

Entscheidest du dich für dein Herz und dafür, Gott wirklich zu wollen, dann entwickeln sich dein Herz und deine Seele. Du beginnst mehr und mehr das zu erhalten, was für dich richtig und wichtig ist, weil du demjenigen die Entscheidung überlässt, der dein Herz am besten kennt. Gott.

Bild 23: Gottes Liebe, Kraft, und Weisheit fließen in das Herz und zurück

Die Kraft des Herzens ist das Gebet. Je tiefer, herzergreifender und kraftvoller ein Gebet gesprochen wird, desto sicherer ist es auch, dass es erhört wird. Ich habe dieses kleine Gebet über Wochen und Monate tief und inbrünstig gebetet.

Gebet

Vater, willst du mich lehren, mein Herz und meine Seele in deine Hände zu legen, damit ich dir Freude bereiten kann?

4
Den Prozess der Vergebung verstehen

„Es ist die tiefe Angst der Unwissenheit davor, dass im Herzen Gottes eine
so wundervolle Zärtlichkeit wartet und man dieser nicht würdig ist."

Am Anfang ist es wichtig zu verstehen, warum der Mensch so verletzt ist; und was mit ihm geschehen ist, dass er sein Leben nicht mehr kontrollieren kann. Der Mensch glaubt, er lebt durch seine negativen Gedanken und Gefühle, von seinen Erinnerungen und Erfahrungen und von seinen Gewohnheiten. Das ist der Grund, warum er sich so oft so ohnmächtig fühlt. Aber es gibt einen noch viel wichtigeren Grund, der den Menschen daran hindert, Freiheit, Klarheit und Frieden zu leben. Er hat das Wissen über seine wahre Herkunft vergessen. Er hat vergessen, dass seine Seele von Gott kommt und er sein Herz nicht mehr auf Gott ausrichtet, Gott nicht mehr liebt. Deshalb leidet er. So einfach ist das.

Ich möchte dir anhand sehr einfacher Geschichten den Prozess der Vergebung erörtern. Du kannst anhand dieser einfachen, folgenden kurzen Geschichten genaustens erkennen, was dem Menschen das Herz raubt. Es ist etwas in dir, das in keinem Fall will, dass du dein Herz findest. Dieses Etwas stemmt sich mit aller Macht gegen dein Herz. Es will, dass du negativ denkst und Angst hast. Es nutzt dazu deine eigenen Verletzungen und Bequemlichkeiten, um dich außerhalb deines Herzens zu halten. Denn es ist der große Schmerz deiner eigenen Verletzungen, die du nicht fühlen willst. Das Gefühl der Verletzung und Enttäuschung kennt jeder Mensch nur zu gut, auch du selbst bist darin erfahren.

Im Laufe der Zeit hat sich in der Menschheit ein negatives Gefühl ausgebreitet, an das es sich sehr gewöhnt hat. Dieses Gefühl hat den Geist der Menschen, der gesamten Menschheit lahmgelegt. Es ist das Wissen darüber, dass du Angst davor hast, dich selbst zu erkennen. Es ist das Wissen darüber, dass du dich nur selbst erkennen kannst, wenn du die Angst in dir besiegst. Und genau darin liegt der Trick. Etwas nutzt deine Unwissenheit darüber aus.

So macht es dir Angst, in dich hineinzuschauen, deine eigenen Ängste und Verfehlungen zu offenbaren. Du willst diese Verletzungen, die du erlebt oder auch gegeben hast, nicht anschauen oder verändern. Schon gar nicht willst du an sie erinnert werden oder diese erneut fühlen. Die Angst vor diesen Verletzungen ist so groß, dass der Mensch einen neuen Mechanismus entworfen hat. Es ist der Mechanismus von Verdrängung und dem Gefühl, andere Menschen für das negativ Erlebte schuldig zu sprechen. Dabei sehnt sich dein Herz nach nichts mehr, als danach, die Verbindung des Friedens im Herzen und der Seele wieder zu fühlen. Die Verbindung zu Gott. Du kannst nicht glauben, dass wahrhaftige Freiheit, Klarheit und Frieden möglich sind, denn die Welt des Alltags lehrt dich etwas anderes.

So nutzt etwas in dir deine Unbewusstheit aus, um dich weiterhin in Angst und in allen dazugehörigen Gefühlsmustern wie Gier, Druck, Sorge, Zweifel etc. zu halten. Es will nicht, dass du erkennst, dass die Trennung von Gott der Ursprung deines ganzen Leidens ist.

Und so wurde ein System erschaffen, das dich immer an die Angst erinnert. Es ist das tägliche Dasein mit seinen oft so absurden, verzweifelten Situationen des Alltags. Anstatt mutig negatives Denken und Fühlen in sich zu verändern, hat sich der Mensch verführen lassen. Nun zeigt er mit dem Finger weg von sich und spricht alle anderen schuldig für sein Leid. Der Mensch muss sich entscheiden, ob er sein Herz und seine Seele leben will oder Schmerz und Leid erfahren möchte.

Du musst dich entscheiden, ob du Klarheit, Frieden und Freiheit erlangen willst oder ob du weiterhin den hohen Preis der Unwissenheit mit der Peinigung des Herzens bezahlen willst. Es ist die Vergebung und die Konsequenz, beharrlich in der Vergebung zu sein, die diese alten Bande löst.

Mit meinem freien menschlichem
Willen kann ich wählen zwischen:

ANGST & SCHULD   VERGEBUNG & FREUDE

Bild 24: Eine Entscheidung treffen

Sobald auch nur der kleinste Schmerz, ein negatives Gefühl, fühlbar wird, unternimmt der Mensch alles in seiner Macht Stehende, um diesen Schmerz loszuwerden. Da der Mensch nicht bereit ist, Verantwortung für dieses schmerzliche Gefühl in sich zu übernehmen, benötigt er einen Kanal, um sich davon abzulenken, und dabei ist ihm jedes Mittel recht. Das können Schuldzuweisungen, Drohgebärden, Aggression und vieles mehr sein.

Ganz wichtig zu verstehen ist hierbei, dass die meisten Handlungen und Aktionen, um den Schmerz loszuwerden, unbewusst ablaufen. Der Mensch hat keine Klarheit darüber, dass der Großteil seines gesamten Handelns aufgrund seiner inneren Verletzungen, Erfahrungen und dem Gefühl von Schuld geschieht.

Alles, was du in Bild Nr. 18 im Außen siehst, ist ein Teil deiner Erinnerung und Erfahrung in dir. Du hast diese Erinnerungen in diesem und in vielen vergangenen Leben gemacht. Ich meine damit Erfahrungen von Angst, Zweifel, Schmerz und Leid.

Alle jemals erfahrenen negativen Gefühle und Gedanken dieser Art werden in Handlungen und Taten ausagiert, ohne dass sich der Mensch darüber bewusst ist.

Dabei ist es ganz einfach, das zu verstehen. Dieser Mechanismus funktioniert auf einem ganz einfachen Prinzip: Mache immer und immer wieder üble Erfahrungen und sprich jemanden dafür schuldig, dass du das Negative, das Üble erfahren hast. Das ist dann wie eine Dominokette und sobald ein Domino umfällt, rasen alle anderen hinterher und fallen einfach nur um. Das Prinzip lautet: „Immer sind die anderen schuld" und: „Auge um Auge, Zahn um Zahn". Es sind immer die anderen schuld an meinem Leid. Das ist alles! Es sind immer die anderen. Die anderen zeigen sich in unterschiedlichster Ausprägung. Entweder in Situationen des Alltags, den Nachrichten, es ist der Nachbar, die Kollegin, der Stau, die Hitze, die Kälte, der Hunger der Welt, die Reichen, die Armen, die Politiker, der Chef, die Trennung, der Abschied, der kommende Tod.

Es gibt Millionen von täglichen Situationen, warum dich ein schlechtes Gefühl überfällt. Millionen von täglichen Möglichkeiten, warum du dich ausgerechnet jetzt wirklich schlecht fühlen kannst, und genau da liegt die Ursache begraben.

Das Wort „hätte" gehört nicht zu meinen Favoriten, aber in diesem Falle möchte ich es einmal nutzen. Mal angenommen, du hättest nie auch nur eine negative Erfahrung gemacht. Keine Erfahrung der Enttäuschung, keine Erfahrung der Verletzung oder der Sorge. Vielleicht kommst du vom entfernten Planeten der Güte. Mal angenommen, du wüsstest nicht, was Angst oder Zweifel ist. Lass uns annehmen, du bist auch nicht in der Lage, dieses Gefühl von Angst zu fühlen. Also stell dir das bitte mal vor. Versuche einmal so zu tun, als ob das möglich wäre. Du kannst nur Wertschätzung und Güte in dir fühlen. Du kennst kein Leid.

Während du so durchs All reist, entdeckst du diesen wundervollen blauen Planeten und fühlst dich von diesem Juwel magisch angezogen. Vielleicht landest du direkt in einem Krisengebiet und wirst mit schrecklichsten Bildern konfrontiert. Aber du kannst nicht fühlen, was die Menschen da tun, du siehst nur die Bilder. Da du vom Planeten der Güte kommst, fühlst du nur Liebe in dir. Du hast ja nichts anderes gelernt. Es ist dir also nicht möglich, den Hass und die Verletzungen der Menschen zu fühlen, was sie antreibt, sich gegenseitig zu vernichten.

Vielleicht siehst du ein Ehepaar streiten oder du siehst, wie sich jemand darüber aufregt, dass sich einer im Supermarkt vordrängelt. Vielleicht kannst du die verzerrten Gesichter und beklemmenden Gesichtsausdrücke erkennen. Würdest du dich dann nicht wundern, was die Menschen hier treiben? Während du von einem Ort zum anderen reist, wundert es dich mehr und mehr, dass du fast keinen Menschen finden kannst, der wahrhaften Frieden oder Güte in sich trägt. Du selber bist vollkommen im Frieden, während du das alles beobachtest. Nichts von der aggressiven Haltung im Menschen kann dich berühren. Plötzlich wird dir etwas Entscheidendes bewusst.

Dir fällt auf, dass der Mensch wie so eine kleine Reaktionsmaschine programmiert ist. Er muss fast wie besessen, nahezu wahnhaft auf alle Begebenheiten und Aktionen, die ihm begegnen, reagieren. Dann fällt dir noch auf, dass die Reaktionen der Menschen zu 99,99 % negativ sind. Du beobachtest, dass die Reaktionen auf Situationen nicht auf Entscheidungen des Herzens basieren, sondern, dass sie kalt und wie ferngesteuert vollzogen werden. Wenn du mit offenem Herzen durch die Welt gehst, wirst du sehen, dass es an wahrhaftigem Frieden fehlt.

Die Menschen tragen keinen Frieden in sich. Sie verteidigen das Prinzip von Schmerz und Leid. Als Wesen, das von dem Planeten der Güte kommt, was denkst du über das Verhalten der Menschen? Was sind deine Gedanken über ein derartiges Verhalten? Ist es nicht merkwürdig, was sich auf dem Planeten Erde abspielt?

Verletzen, Macht und Gier um jeden Preis. Abwesenheit von Liebe, Wertschätzung, Vertrauen, Harmonie, Hilfsbereitschaft und vielem mehr.

Jetzt schau doch mal in dein eigenes Leben. Wie sieht deine ganz persönliche Situation aus? Was genau umgibt dich jetzt, hier und heute? Hast du dich schon einmal gefragt, in was für einer Welt du eigentlich lebst? Wie sieht die Welt in deinem eigenen Inneren aus? Fühlst du Klarheit, Freiheit und Frieden oder fühlst du das, was die Menschen seit ewigen Zeiten fühlen, nämlich das scheinbar ewige Spiel von „Schmerz und Leid"?

Gab es heute Situationen in deinem Leben, in denen du Unruhe gefühlt hast? Denk mal vom heutigen Morgen bis zum jetzigen Zeitpunkt zurück. Wie ich schon sagte, es ist nicht schlimm, etwas Derartiges zu fühlen. Es bietet die Möglichkeit einer Entscheidung.

Das Gute ist, dass alles einem einfachen Prinzip folgt. So arbeitet Schmerz und Leid nach einem ganz bestimmten Muster. Es agiert unbewusst im vermeintlichen Äußeren der Welt. Mit dem Außen meine ich den Ort, den du mit deinen physischen Augen und deiner Körperlichkeit in diesem Moment wahrnimmst. Wie funktioniert nun dieser Schmerz- und Leidmechanismus?

Nehmen wir einmal an, es gäbe eine Situation im Außen, die im Inneren des Betrachters Schmerz und Leid erzeugt. Mal angenommen, es drängelt sich jemand sehr harsch und unverschämt an der Kasse vor. Was läuft jetzt bei demjenigen ab, der diese Situation erlebt?

Begib dich bitte mal gedanklich in seine Situation. Du siehst diese Situation außerhalb von dir, aber du spürst Gefühle in deinem Inneren. Welche Gefühle hast du in einer solchen Situation? Bist du im Frieden? Bist du wertfrei oder was regt sich in dir?

Vielleicht eine leichte Unruhe? So etwas wie: „Das ist doch wohl die Höhe. Was erlaubt sich die Person?"

Was geschieht in dir, dass du überhaupt in der Lage bist, mit dem Gefühl von Schmerz und Leid auf eine Situation des Alltags zu reagieren? Wie kann es sein, dass Situationen des Alltags in dir Schmerz und Leid auslösen? Dass Menschen oder Begebenheiten solche Gefühle in dir wecken? Es ist das NEGATIVE, das Üble, das will, dass der Mensch den Schmerz immer und immer wieder spürt, damit kein Frieden herrscht.

Nochmals: Die Menschen leben ihren eigenen Schmerz aus. Ihr eigener Schmerz ist ihnen extrem wichtig, und sie schieben diesen Schmerz immer anderen zu. Darum verändert sich auch nichts, weder in dir noch in den anderen. Das ist weder schlimm noch gut. Es ist einfach eine Gegebenheit. Aber Gegebenheiten lassen sich ändern und darum bist du vielleicht auf die Erde gekommen, um etwas zu verändern. Begreife, dass ganz gleich welche Situation sich dir stellt, nur deine Reaktion auf die Situation von Bedeutung ist, darin liegt die Veränderung.

Es stellt sich die Frage: Reagierst du auf deine Umwelt oder übernimmst du die Verantwortung und handelst bewusst? Bewusst in Frieden und Güte, eben auf alles, was dir begegnet. Solange du unwissend bist, das heißt, solange du nicht die Stimme deines Herzens hörst, das so zarte Rauschen in dir, den Klang, so voller Leben, so lange bist du hin- und hergerissen. Du fragst dich: „Welche Welt ist wahr? Die des Zweifels oder die des Herzens?"

Zurück zum Beispiel des Supermarktes. Für mich ist die Kasse im Supermarkt ein Ort von größter Nervosität. Ein Ort, an dem die ganze innere Angespanntheit der Menschen zu beobachten ist. Eile, Druck und Unruhe sind oft die Hauptgefühle, die ich hier wahrnehmen kann. Aber auch Gier, ungezügelte Essenslust, Süchte und maßloses Verlangen sind im Supermarkt zu finden. Es brodelt in vielen Menschen, und ein Drängler an der Kasse wird dann zur Zündschnur am Pulverfass.

Was sind deine Gefühle, deine Gedanken? Wie deine innere Reaktion? Spürst du Wut, Ärger, Zorn, Ohnmacht? Vielleicht sind es Gedanken wie:

„Was erlauben sie sich!" – „Was ist das denn für ein/e blöde/r …" – „Jetzt haut es mir gleich den Schalter raus." – „Gleich knallt es." – „Ich kann alles vergeben, aber das macht das Maß jetzt wirklich voll." – „Mir platzt gleich der Kragen." – „Warum immer ich?" – „So ein Verhalten, unmöglich!"

Vielleicht findest du das Leben ungerecht! Mir geht es in diesem Beispiel darum, dir zu zeigen, dass es im Alltag Unmengen an Situationen gibt, die dir das Leben vermeintlich schwermachen können.

Es kommt nicht darauf an, welche Situation dafür ausschlaggebend ist. Es ist nur wichtig zu erkennen, dass jede alltägliche Situation Gedanken und Gefühle wie oben beschrieben hervorrufen kann. Es kann die Kaffeetasse sein, die Socken, die Zahnpasta, die unaufgeräumten Schuhe der Kinder im Flur. Es kann die Drohung eines nuklearen Atomkriegs, der Stau, eine kleine einfache Lüge oder eben der Drängler im Supermarkt sein. Bei alledem geht es um eine ganz einfache Entscheidung! Was fühlst du und wie reagierst du auf diese vielen, kleinen Situationen des Tages? Frieden oder keinen Frieden fühlen? Kannst du glauben, dass Frieden in jedem Moment möglich ist?

Mal angenommen, du kannst es dir nicht vorstellen. Was ist das für ein Gefühl, nicht an dauerhaften Frieden zu glauben? Was kommt da auf? Ist es Zweifel und somit schon wieder kein Frieden? Sei um jeden Preis in deinem Leben glücklich. Ganz gleich, was auch immer in dir tobt und Gerechtigkeit fordert, welches negative Gefühl sich auch immer in dir bemerkbar machen will und dir den Frieden raubt, bleib innerlich friedlich. Schau alles an, verdränge nichts, sei glücklich, dass Gott dich liebt.

Wenn du keinen Frieden fühlen kannst, dann liegt es an dir. Frieden kann jeder spüren. Frieden kann jeder! Denn: „Hinter dem Gefühl der Ungerechtigkeit, liegt der wahre Frieden."

Es geht nicht darum, die Welt zu verändern, sondern dich in den inneren Frieden zu bringen. Es ist dein eigener Wahnsinn, den du nicht aushältst. Der Schmerz im Menschen ist so groß, es drückt ihn so sehr, dass sich Menschen tatsächlich darüber aufregen, wenn sich im Supermarkt jemand vordrängelt. Dann wird sich aufgeregt, „so eine unmögliche Person". „So eine Arroganz, die drängelt sich einfach vor" ... und so weiter und so fort.

Ich habe es schon erlebt, dass Menschen Stunden später darüber sprechen, was sich da im Supermarkt alles abgespielt hat. So wird der Schmerz nochmals in seiner ganzen Härte durchlebt und in allen Details ausgeschmückt. Hast du dich schon einmal gefragt, wer diese Gefühle wieder und wieder erfährt? Warum machen Menschen das? Warum regen sie sich über alles und jeden auf? Die Person weiß nicht, warum sie sich aufregt. Sie ist sich nicht bewusst, weshalb sie sich aufregt. Sie weiß nicht, dass jede Aufregung ein Ausdruck des eigenen Schmerzes ist.

Die Person sollte besser sagen:

„Ich habe mich heute aufgeregt, weil sich jemand vorgedrängelt hat. Das hat in mir Wut und Angst hervorgerufen und mir wurde dadurch bewusst, dass ich noch immer Angst und Wut in mir fühle.

Dies zu erkennen hat mich sehr erschreckt, ich will mich jetzt mal in Ruhe hinsetzen und dem nachspüren, woher meine Ängste eigentlich kommen.

Was ist es in mir, das mich so sehr verletzt, dass ich nicht in der Lage bin, in meinem Frieden zu bleiben? Sind wirklich immer die anderen schuld oder ist es einfach meine fehlende Disziplin, mich selbst zu kontrollieren? Die Angst, es nicht zu schaffen, die Stimme des Herzens zu hören, zu akzeptieren, dass Gott mich wahrhaftig liebt.

Halte Frieden um jeden Preis. Es ist wirklich harte Arbeit, und wird dir alles abfordern. Jeden Tag, in jeden Moment. Nach einer Weile kommst du an einen Punkt, an dem deine Bereitwilligkeit, liebevoll zu sein, über das Gefühl der Wut siegt.

Dein tiefer Wunsch, dein Herz finden zu wollen und alles Erdenkliche dafür zu tun, wird dir die Kraft geben, dich zu üben und dem Negativen in dir die Stirn zu bieten. So legst du das Samenkorn. Du schaffst in deinem Herzen die Bereitschaft, das Licht Gottes in dir zu empfangen. Du entdeckst, dass du Eigenschaften wie Güte, Barmherzigkeit und Wertschätzung in dir trägst. Du beginnst dann zu spüren, wie wundervoll sich diese Eigenschaften anfühlen. Es ist wie Balsam für dich, Güte, Harmonie Frieden und Freude zu leben.

Stell dir einmal vor, einen ganzen Tag, eine ganze Woche oder vielleicht ein ganzes Leben lang ganz bewusst und klar mit Güte auf alles zu reagieren, was dir begegnet – egal, was Menschen zu dir sagen oder wie sie sich dir gegenüber verhalten, dann wirst du zwei Dinge feststellen.

1. Wie anstrengend es ist.

2. Wie wundervoll sich die Güte in deinem Herzen anfühlen wird.

Das ist eine sehr kraftvolle Übung. Es ist ein enorm wichtiger Schritt, der alles verändern wird. Wie steht es jetzt um deine eigenen Gefühle und Gedanken?

Kannst du auch den ganzen Tag gutmütig mit dir selber sein? Nein? Keine Ursache, aber wenn du dich auf den Weg machst, ein besserer Mensch zu werden, wenn du dein Herz und deine Seele wiederfinden willst, dann schaffst du es. Eines ist ganz sicher, du musst dich anstrengen, denn es ist ein Versprechen Gottes: *„Wer gibt, empfängt. Wer vergibt, dem wird vergeben, und wer sucht, der findet."*

Ich möchte dir anhand von zwei Geschichten den Prozess der Vergebung erklären und versuchen, dir zu zeigen, warum und weshalb Menschen von Moment zu Moment in Situationen geraten, die sie nicht mehr kontrollieren können. Mir geht es hierbei darum, dass du in diesen Geschichten die Gefühle der beschriebenen Personen tief nachempfindest. Was lösen diese Situationen bei ihnen aus? Das ist sehr wichtig zu verstehen, denn hier beginnt der wahre Prozess der Vergebung. Es geht mir hierbei immer nur um das empfundene Gefühl. Denn es sind unsere Gedanken und Gefühle, die uns veranlassen, die Dinge so zu sehen und zu erleben, wie wir es tun.

Begib dich zum besseren Verständnis in die folgende Situation. Lass dir hierbei viel Zeit und fühle dich ein.

Stell dir vor, du gehst einen schmalen Weg entlang, der durch eine Reihenhaussiedlung führt. Die Sonne scheint, es ist warm und die Vögel zwitschern. Es ist Vormittag und es ist angenehm still in der Umgebung. Du gehst zwischen den Häuserreihen entlang und schaust dir die kleinen Vorgärten an. Eine leichte Brise durchweht dein Haar.

Während du dir gerade eine wundervolle Rose anschaust, bist du innerlich still und friedlich. Du nimmst die samtweichen Blätter wahr und es ist fast so, als könntest du sehen, mit welcher Pracht die Rose im Inneren blüht. Du kannst an ihr nicht vorbeigehen. Etwas drängt dich dazu, deine Nase in das Herz, in die Mitte der Blüte zu senken und tief einzuatmen. Der Duft beraubt dich für einen kurzen Augenblick deiner Sinne, und du vergisst alles um dich herum. Fast wie benommen bleibst du kurz stehen, bevor du langsam den Weg weiter fortsetzt, tief erfüllt von der Schönheit Gottes in dir.

Du schaust wieder auf den Weg vor dir und nimmst wahr, wie in einiger Entfernung plötzlich zwei Männer vor einer Haustüre lautstark ein Streitgespräch führen. Neben den Männern steht ein Junge im Alter von ca. acht Jahren mit einer dicken Mullbinde um die Nase gewickelt, bei der an den Nasenlöchern blutrote Flecken zu erkennen sind. Du beobachtest, wie ein Wort das andere Wort gibt. Plötzlich nimmt einer der Männer einen Baseballschläger und schlägt wie von Sinnen auf den anderen Mann ein. Neben den beiden Männern steht der Junge und schreit verzweifelt lautstark. Es geht jetzt darum, einmal nachzufühlen, was du in einer solchen Situation empfinden würdest. Was geht in dir vor, während du das siehst oder dir vorstellst? Begib dich tief in diese fiktive Situation. Was fühlst du? Lass es auf dich wirken und fühle dich hinein.

Nichtsahnend kommst du um eine Biegung und dir begegnet der pure Wahnsinn. Wie sind deine Gefühle? Angst? Panik? Hilflosigkeit? Ohnmacht? Aggression? Wut? Vielleicht magst du dir sogar die Zeit nehmen und deine Gefühle auf einen Zettel schreiben. Es ist hochspannend, nachher bei der Auflösung die momentanen Gefühle mit dem später Erfahrenen abzugleichen.

Das ist die Ausgangssituation der Geschichte. Was ist geschehen und wie kam es zu dieser Tat? Es war wie folgt: Julia arbeitet seit einiger Zeit in einem Büro. Sie ist verantwortlich für verschiedene Schreibarbeiten und Kundentelefonate. In diesem Büro arbeiten weitere vier Personen. Die Büros sind gut ausgestattet und das Arbeitsumfeld ist so weit ganz ok. Julia ist seit ca. elf Jahren verheiratet und hat einen kleinen Sohn von neun Jahren. Sie wohnt mit ihrer Familie in einer kleinen Reihenhaussiedlung.

Die Familie kam durch eine familiäre Situation in finanzielle Schwierigkeiten. So ist ihr Job sehr wichtig und steuert dazu bei, am Ende des Monats nicht in ein Minus zu rutschen. Der Arbeitsmarkt ist aussichtslos schlecht, und es ist nicht möglich, einen anderen Job zu bekommen.

Was niemand weiß, Julia führt ein Doppelleben. Sie unterhält eine Beziehung zu einem anderen Mann, und diese Affäre zieht sich nun schon seit fast vier Monaten hin. Sie geht gerne zur Arbeit und die Arbeitsprozesse laufen unkompliziert und fast wie gewohnt ab. Mit ihren Kolleginnen versteht sie sich distanziert gut. Sie ist eine geschätzte Kollegin, zu ihrem Chef hat sie keinen besonderen engen Kontakt. Aber am heutigen Tag gibt es eine kleine Veränderung.

Es ist ca. 11:13 Uhr, als etwas Ungewöhnliches geschieht. Ihr Chef kommt an ihren Schreibtisch und hält eine Kaffeetasse in seiner Hand. Schaut man die Kaffeetasse genauer an, stellt man fest, dass diese zu der Kategorie Tasse gehört, die schon lange keine Reinigung mehr erfahren hat. Außen an der Tasse kleben überall alte braune Flecken und im Kaffee selbst schwimmt neben dem Löffel eine weiß-grüne Masse, die als Schimmel zu erkennen ist. Er schaut sie mürrisch an und stellt diese Kaffeetasse auf ihrem Schreibtisch ab. Dazu macht er eine abwertende Handbewegung und sagt zu ihr: „Räumen Sie die mal in die Spülmaschine." Nach einer kurzen Pause fügt er noch hinzu: „Aber machen Sie das mal ordentlich, damit man das Gefühl bekommt, dass Sie hier zu irgendetwas Sinnvollem zu gebrauchen sind." Er dreht sich ohne ein weiteres Wort um und verlässt das Büro zu einem Termin. Für einen kurzen Augenblick herrscht peinliche Stille in dem kleinen Büro.

Selbstverständlich haben die Kolleginnen das mitbekommen, aber niemand sagt etwas. Wie fühlt sich Julia in diesem Moment? Ich meine damit, ernsthaft nachzufühlen, was Julia jetzt tief im Innersten bewegt.

Lass uns bitte jetzt gemeinsam überlegen, wie sie sich fühlen könnte, und gehen wir mal davon aus, sie kennt die Vergebung nicht. Sie hat noch nie etwas vergeben. Also, was fühlt sie? Etwas wie: Unverständnis, Ärger, Wut, Hass, Demütigung, Erniedrigung, Sprachlosigkeit, Ohnmacht? Fühle mal in jede Emotion hinein. „Machen Sie das mal ordentlich", wie sehr wird ihr dieser Satz in den nächsten fünf Stunden bis zum Feierabend durch den Kopf gehen? Wie intensiv wird sie über die Gefühle, die damit verbunden sind, nachdenken? Fragen kreisen in ihrem Kopf: Was soll das? Wieso ich? Der spinnt, dreht der jetzt durch? Wie kann man so etwas nur machen?

Ihre Fragen spiegeln ihre Gefühle wieder. Welches Gefühl tritt bei jeder gestellten Frage auf? (Unverständnis, Ärger, Wut, Hass, Demütigung, Erniedrigung, Sprachlosigkeit, Ohnmacht ...) Sollten hier Gefühle fehlen, kannst du sie gerne ergänzen.

Nach einer ganzen Weile und nach der langanhaltenden peinlichen Stille im Büro nimmt Julia die Tasse und geht mit wackeligen Schritten in die Küche. Sie nimmt den Löffel heraus und schüttet den restlichen Kaffee in die Spüle, dabei schwappt auch der grünweiße Schimmel über den Tassenrand. Wie fühlt sie sich jetzt? Angewidert? Verärgert? Erniedrigt? Ohnmächtig? Das ist eine so wichtige Frage. Spüre dem nach, so gut du kannst.

Zu späterer Stunde kommt dann endlich der lang ersehnte Feierabend. Julia steigt in ihr Auto und macht sich auf den Weg, um nach Hause zu fahren. Was denkt sie während der Fahrt? Welche Art Fragen pulsieren in ihrem Kopf? Vielleicht Fragen wie: Was sollte das nur alles? Was ist, wenn das morgen wieder passiert! Wieso ich? Ich hasse den Typen. Ich will da nicht mehr hin. Kann sie ihre Gedanken während der Fahrt abschalten oder rattert es unaufhörlich in ihrem Kopf? Als Julia dann zu Hause den Hausflur betritt, sieht sie überall Schuhe, Jacken und Taschen stehen. Auch ihr Mann hat seine Tasche nicht weggeräumt. Niemand räumt etwas weg. Wie fühlt sich Julia jetzt? Nicht gehört? Alleine? Hilflos? Ohnmächtig? Was fühlt sie? Wie oft hat sie ihrem Sohn schon gepredigt, er möge seine Sachen wegräumen? Was fühlt sie? Sie kommt nach Hause, aber sie ist noch so benommen, dass sie nichts von alledem erzählt. Vielleicht sitzt ihr Mann auf dem Sofa und fragt sie als Erstes nach dem Abendessen mit den Worten: „Ich habe Hunger, wann kochst du?" Julia hat heute Migräne und zieht sich zurück. Mit welchen Gedanken und Gefühlen geht sie später ins Bett? Unruhig, nervös, ängstlich und unverstanden? Wie wird sie schlafen?

Was sind ihre ersten Gedanken am Morgen? „Was wird heute geschehen? Etwas Ähnliches?" Julia hat einen Fahrweg von ca. 20

Minuten. Welchen Gefühlen und Gedanken ist sie während dieser Fahrt ausgesetzt? Wie geht es ihr? Was sind ihre Gefühle, ihre Gedanken während des Tages im Büro? Als Julia sich am Morgen ihrem Büro nähert, hört sie, wie ihre Kolleginnen leise tuscheln. Als sie das Büro betritt, verstummt das Gespräch. Ein gequältes „Guten Morgen" kommt aus dem Munde der Kolleginnen. Es ist deutlich erkennbar, dass über sie geredet wurde.

Wie fühlt sich Julia dabei? Unsicher? Wütend? Sie setzt sich an ihren Schreibtisch und beginnt mit ihrer alltäglichen Arbeit. Die Zeit vergeht und es nähert sich der Zeitpunkt, so kurz nach 11:00 Uhr, die Stunde, als der Chef gestern ins Büro trat. Was fühlt sie zu diesem Zeitpunkt. Unruhe? Druck? Als die Zeit verstreicht und der Chef nicht erneut mit einer Kaffeetasse erscheint, atmet Julia innerlich ein wenig auf.

So gegen halb vier betritt ihr Chef das Büro. In der rechten Hand hält er einen Kuchenteller mit einem halbgegessenen Kuchen und der dazugehörigen Kuchengabel. In der linken Hand eine Kaffeetasse. Beides stellt er mit folgenden Worten und einer abwertenden Handbewegung auf ihren Schreibtisch: „Räumen Sie das mal weg. Ist ja wohl nicht zu viel verlangt, mal was richtig zu machen. Ich habe das Gefühl, Sie bekommen aber auch so gar nichts richtig hin." Er dreht sich um und verlässt das Büro zu einem Termin außer Haus.

Julia schaut auf den Teller mit den Kuchenresten und auf die Kaffeetasse. An der Kuchengabel kann sie noch Speichelreste erkennen. Was muss sie in diesem Moment fühlen? Wie ekelig wird es für sie sein, die Gabel und die übrig gebliebenen Kuchenreste auf dem Teller zu sehen. (Erniedrigung, Ekel Ohnmacht, Hilflosigkeit …) Nimm dir ruhig einmal die Zeit nachzufühlen.

In diesem Augenblick herrscht im Büro ein eisiges Schweigen. Die Kolleginnen murmeln etwas, aber keine traut sich etwas zu sagen. Es ist eine schockierende Situation für alle Beteiligten. Was fühlt Julia in diesem Moment? Wie fühlt sie sich auch gegenüber ihren Kolleginnen? Wütend, ohnmächtig, hilflos, gedemütigt, erniedrigt, als Opfer, starr, bewegungsunfähig?

Kann sie ihre Gefühle körperlich fühlen? Druck in der Brust, Hitzewallungen, wackelige Knie? Bitte fühle auch hier wieder nach, was diese Situation mit Julia anstellt. Wie fühlt sie sich? Nach einer Weile geht Julia erniedrigt und tief getroffen mit zittrigen Knien in die Küche. Sie schüttet die Kuchenreste in den Mülleimer. Die Vorstellung, dass ihr Chef von der Gabel gegessen hat, löst in ihr Brechreiz aus. Was fühlt sie? (Wut, Hass, Mordlust, große Aggression, Resignation ...)

Sie ist tapfer und arbeitet bis zum Ende des Tages weiter. Doch was fühlt Julia in ihrem Innersten? Einsamkeit? Ist sie tief im Herzen und der Seele getroffen?

Nach Feierabend steigt sie in ihr Auto, dreht den Schlüssel um und fährt langsam los. Bitte versuche genauestens nachzufühlen, wie Julia sich fühlt, während sie das Auto betritt. Vielleicht: „Ich halte das nicht mehr aus" oder: „Endlich da raus". Sie ist dem innerlichen Zusammenbruch nahe. An der ersten Straße nimmt ihr ein junger Mann die Vorfahrt. Geschockt kann sie noch eine Vollbremsung machen und beginnt vor lauter Schrecken zu hupen.

Während sie sich von diesem Schock erholt, steht der junge Mann vor ihrer Fahrertür und beschimpft sie auf übelste Weise. Dann dreht er sich um und als er davonbraust, zeigt er ihr noch den ausgestreckten Mittelfinger. Wie steht es jetzt um Julia? Was fühlt sie jetzt, während sie nach Hause fährt.

Was sind ihre Gedanken während der Fahrt nach Hause? Ist sie innerlich ruhig und gelassen? Oder wird sie von ihren Gedanken und Gefühlen bombardiert? In diesem Augenblick bekommt sie eine Nachricht von ihrem Rendezvous. „Wann kann ich dich wiedersehen?" Hat Julia in diesem Augenblick Freude daran, ihren Geliebten zu sehen? Gehen wir mal davon aus, es handelt sich um eine eher oberflächliche, sexuelle Beziehung. Nein, sicherlich nicht. Sie schaltet ihr Handy aus. Zu Hause angekommen schließt sie die Türe auf. Das Erste, das ihr wieder begegnet, sind mehrere Schuhe ihres Sohnes, die auf dem Boden verstreut liegen. Die Tasche mit der Brotzeitbox ihres Mannes liegt offen da und eine alte Bananenschale ist herausgefallen. Fast muss sie sich einen Weg durch den Flur bahnen. Was fühlt sie?

Wie stark sind jetzt ihre negativen Gedankenimpulse? Hat sie noch die Möglichkeit, ihre Empfindungen und Gefühle zu kontrollieren, oder ist es eher so, dass sie immer tiefer in den negativen Strudel des Denkens und Fühlens gerät? In diesem Moment hört der kleine Sohn Marc, wie unten die Haustür aufgeschlossen wird. Er ist sehr glücklich, denn ihm ist etwas Wundervolles widerfahren. Er hat von seinem Fußballtrainer die Erlaubnis bekommen, an dem großen Turnier teilzunehmen. Was für eine wundervolle Auszeichnung für den Kleinen. Er ist ganz aufgeregt und kann es kaum abwarten, seiner Mutter davon zu erzählen. Auch muss er sie fragen, ob sie ihn am nächsten Tag dorthin fahren kann. Anders kann er nicht zu dem Extratraining kommen. Es muss auch von den Eltern genehmigt werden. Voller Freude und mit einem strahlenden Herzen, wie es Kinder haben, rennt er die Treppe hinunter. „Mama, Mama ich muss dir was sagen." Noch bevor er den Satz beenden konnte, fliegt ihm ein Mix an Gefühlen entgegen, denen er ohnmächtig ausgeliefert ist. „Wie oft habe ich dir gesagt, du sollst deine Schuhe wegräumen, wie oft!!!??" Erstickend schreit die Mutter ihren Sohn an. „Aber Mama", versucht der Kleine mit zitternder Stimme zu entgegnen, „ich wollte dich wegen dem Fußballspiel für morgen etwas fragen. Es ist etwas Wunderschönes geschehen."

„Das einzige Schöne, das geschieht, ist, dass du jetzt augenblicklich in dein Zimmer gehst und dort bleibst. Du hast Hausarrest!", kreischt Julia, völlig unbeherrscht und wie von Sinnen. „Das mit dem Fußball kannst du vergessen. Es gibt hier überhaupt nichts mehr, bevor du nicht deine Sachen ordentlich hältst."

Der kleine Marc ist sprachlos, ein erstickendes Gefühl legt sich um seine Kehle.

Er kann dieser mächtigen Ladung an Wut nichts entgegenbringen. Tief im Herzen getroffen, rennt er in sein Zimmer und schließt sich ein. Tränen laufen über seine Wangen und das Schluchzen hört wohl nur noch seine Seele.

Eiseskälte herrscht am Abend, als ihr Mann nach Hause kommt. Unbewusst erinnert sich Julia an all die unzufriedenen Momente mit ihrem Mann und lässt es ihn auch spüren.

Sie geht früh, mit erneuter Migräne zu Bett. Der Einfachheit halber gehen wir mal davon aus, sie würde die Geschehnisse des Tages nicht erzählen. Mit welchen Gedanken wird Julia in dieser Nacht zu Bett gehen? Werden ihre negativen Attacken stärker sein als am Abend zuvor? Vielleicht sind es Gefühle von Existenzangst, Panik. Sie benötigt den Job, und der Arbeitsmarkt ist hoffnungslos. Wo spürt sie körperlich die Auswirkungen dieser Situation? In der Brust? Im Magen? In der Herzgegend? Wie wird sie in der Nacht schlafen und mit welchen Gedanken wird sie am Morgen erwachen. Gedanken wie: „Ich halte das nicht mehr aus. Was kommt heute? Ich feiere einfach krank. Ich muss mit dem Chef reden." Sie weiß aber auch, dass der Chef nicht mit sich reden lässt.

Bild 25: Angst und Wut entladen sich

Am nächsten Morgen geht Julia nicht zur Arbeit. Sie geht zwar aus dem Hause, aber sie bleibt an einem kleinen Parkplatz stehen und nimmt sich eine Auszeit. Als sie ihren Arbeitgeber anrufen will, stellt sie fest, dass sie ihr Telefon zu Hause auf dem Wohnzimmertisch liegengelassen hat.

Der kleine Marc sitzt auf dem Fahrrad und fährt Richtung Schule. Er ist noch immer tief getroffen von der gestrigen unverständlichen Attacke seiner Mutter. Wut und Enttäuschung berühren sein Fühlen. Als er in der Schule ankommt, trifft er als Erstes auf Philip. Philip ist in seiner Klasse und gehört zu den Menschen, die daran Freude haben, andere Menschen zu erniedrigen und zu verletzen. So hat Marc in den letzten Jahren viele Erniedrigungen durch Philip hinnehmen müssen. Das geht schon eine ganze Weile so. Philip mobbt, schlägt und hänselt Marc, so oft er nur kann. Philip hat dabei einen besonderen Trick, er erzählt seinen Eltern genau das Gegenteil. Er tut so, als wäre er das gemobbte Kind. Schon einige Male wollten seine Eltern mit den Eltern von Marc sprechen, aber Philip konnte das immer abwenden.

Als Marc sein Fahrrad abstellt, sieht er Philip mit einem breiten, hämischen Grinsen und dem widerlichen Funkeln in dessen Augen auf sich zukommen. Marc sieht in diesem Moment rot. Er schlägt mit voller Wucht auf die Nase seines ungeliebten Klassenkameraden ein. Es kracht laut und das Nasenbein ist gebrochen. Das Blut spritzt in alle Richtungen und es gibt ein lautes Geschrei. Die Eltern des verletzten Jungen werden ausfindig gemacht und der Vater von Philip erhält in seiner Arbeitsstelle einen Anruf, dass seinem Jungen das Nasenbein in der Schule gebrochen wurde. Er möge auf dem direkten Wege zum Krankenhaus fahren. Sein Sohn sei bereits auf dem Weg dorthin.

Auf mehrfache Nachfrage wird Philips Vater auch der Name des Täters genannt. Was fühlt der Vater von Philip in diesem Moment? Der Junge, der sein Kind ewig mobbt, und jetzt das! Was fühlt der Vater? Unbändige Wut! Aggression, Hass, Rache, das

Gefühl von: Das stellen wir jetzt ein für alle Mal klar? Nachdem in der Schule und im Krankenhaus alles geklärt ist, macht sich der Vater mit Philip auf den Weg zu Marcs Eltern.

Philip bekommt ein mulmiges Gefühl, weiß er doch, dass seine Geschichten auf Lügen aufgebaut sind. Er sitzt ganz benommen und mit einer dicken Mullbinde um die Nase neben seinem Vater im Auto und ist sprachlos. Was fühlt Philip? Angst vor seinen Lügen? Hilflosigkeit? Mutlosigkeit? In diesem Augenblick bemerkt Alex, der Vater von Marc, dass er seinen Laptop zu Hause vergessen hat. Er fährt zurück zum Haus, denn er muss heute einen für ihn sehr wichtigen Vortrag halten. Es geht um alles oder nichts. Denn ein sehr wichtiges Projekt muss ins Boot geholt werden. Er betritt das Haus, alles ist wie gewohnt still und er sieht seinen Laptop auf dem Küchentisch liegen. Gerade als er ihn nehmen will, brummt ein Smartphone. In diesem Moment sieht er das Handy seiner Frau nur unweit seines Laptops liegen. Es brummt erneut und das erregt seine Aufmerksamkeit. Normalerweise hat er volles Vertrauen und es käme ihm nicht in den Sinn, in das Telefon seiner Frau zu schauen, aber irgendwie packt ihn doch die Neugier. Er nimmt das Telefon in die Hand und sieht auf das Display. Er liest Folgendes: „Wo bleibst du, mein heißes Eisen? Ich kann es kaum erwarten, dich abzukühlen. Die letzte Nacht mit dir war wieder einmal unbeschreiblich. Ich liebe dich."

Alex liest noch einige ältere Nachrichten, welche ich hier aus Jugendfreiheitsgründen nicht beschreiben kann. Was macht das mit ihm? Wie fühlt sich Alex in dem Augenblick, während er all die geheimen Nachrichten liest? Fühle auch hier mal in Ruhe rein. Sicherlich muss er sich erst einmal kurz hinsetzen oder er taumelt einige Meter zurück. Aber was fühlt er jetzt? Betrogen und belogen worden zu sein, Ohnmacht, Hilflosigkeit, Sprachlosigkeit, Wut, Zorn ...?

Was sind seine Gedanken. „Was, wieso, mit wem? Wann?" Bilder tauchen in seinem Kopf auf. Bilder von seiner Frau mit einem anderen Mann.

In diesem Moment klingelt es an der Haustür. Er geht wie benommen an die Tür und sieht einen kleinen Jungen mit einer blutigen Nase und einem dicken Verband im Gesicht. Er nimmt einen aufgebrachten, unkontrollierten Mann wahr, der drohende Gesten von sich gibt. Nun gibt ein Wort das andere, die Gefühle und Worte werden immer unkontrollierter. Wut und Aggression, Enttäuschung, Angst, Druck und Hass werden zu einer absolut unkontrollierbaren Kraft.

Plötzlich sieht einer einen Baseballschläger neben der Türe stehen, ergreift diesen und schlägt zu. Das geschieht in dem Moment, als du um die Ecke biegst. Du siehst zwei Männer und ein schreiendes Kind. Während ein Mann mit einem Baseballschläger auf den anderen einschlägt.

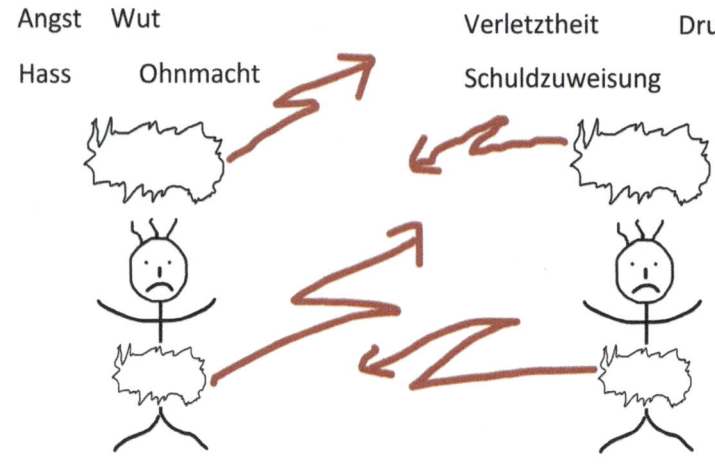

Bild 26: Kein Herz, keine Liebe, kein Vertrauen, Verletzung und der Verstand entladen die Wut und Angst

Nimm dir jetzt einen Moment Zeit und betrachte die Zeichnung. Was siehst du hier? Was ist passiert? Was passiert hier wirklich? Die Auflösung kommt gleich.

Ich möchte dir gerne verständlich machen, dass das der Alltag der Menschen auf diesem wunderbaren Planeten Erde ist. Der Austausch von Verletzungen und Ohnmacht aufgrund von Unwissenheit.

Die Sonne geht jeden Tag auf, die Erde dreht sich voller Harmonie in ihrer Umlaufbahn. Mal regnet es und mal scheint die Sonne. Die Jahreszeiten kommen und gehen, alles geschieht in vollkommenem Frieden. Und dennoch zerfleischen sich die Menschen auf eine unsichtbare und sichtbare Weise. Also was geschieht hier jeden Tag auf unserem wunderbaren Planeten Erde?

Und die noch wichtigeren Fragen lauten wohl: Wer hat an alledem Schuld? Wie lässt sich das verändern?

Die Veränderung durch Vergebung

Ich aber sage euch: Liebet eure Feinde; segnet, die euch fluchen; tut wohl denen, die euch hassen; bittet für die, so euch beleidigen und verfolgen

Matthäus 5,45

Ich möchte dir die Geschichte jetzt auf eine andere Art und Weise erzählen. Dieses Mal aus der Sicht der Vergebung und der Sicht der Liebe. Begeben wir uns wieder an den Anfang des Geschehens. Dieses Mal aus der Sicht eines vergebenden Herzens.

Stell dir vor, du gehst einen schmalen Weg entlang, der durch eine Reihenhaussiedlung führt. Die Sonne scheint, es ist warm und die Vögel zwitschern. Es ist Vormittag und es ist angenehm still ringsum. Du gehst zwischen den Häuserreihen entlang und schaust dir die kleinen Vorgärten an. Eine leichte Brise durchweht dein Haar.

Während du dir gerade eine wundervolle Rose anschaust, bist du innerlich still und fühlst dich im Frieden. Du nimmst die samtweichen Blätter wahr und es ist fast so, als könntest du sehen, mit welcher Pracht die Rose im Inneren blüht. Du kannst nicht daran vorbeigehen, etwas in dir bringt dich dazu, deine Nase tief in das Herz, die Mitte der Blüte zu senken und tief einzuatmen. Der Duft beraubt dich für einen kurzen Augenblick deiner Sinne und du vergisst alles um dich herum. Fast wie benommen bleibst du kurz stehen, als du dann langsam dem Weg weiter folgst. Tief erfüllt von der Schönheit des Lebens in dir und dem Gefühl von Frieden und Dankbarkeit, dehnt sich die Stille in dir aus.

Bild 27: *Ein vergebendes Herz*

Alle Teilnehmer der Geschichte bleiben gleich und die Geschichte beginnt wie folgt:

Julia sitzt in ihrem Büro. Seit einigen Tagen spürt sie einen starken Drang nach Veränderung. Immer häufiger kommt ihr die Vergebung in den Sinn. Seitdem sie dieses Vergebungsseminar besucht hat, lässt sie die Vergebung nicht mehr los.

Sie hat verstanden, dass es ihre verletzten Gefühle sind, die sie in unhaltbare Situationen manövrieren. Sie hat verstanden, dass ganz gleich, welche Situation sich auch immer im Alltag zeigt, ihre Gefühle in Bezug dazu endscheidend sind.

Sie weiß, was auch immer ihr Verstand von ihr fordert – wenn es nicht Frieden ist, kann es keine Vergebung und Liebe sein. Sie konzentriert sich diszipliniert in den letzten Tagen mehr und mehr darauf, ihre Gefühle und Gedanken zu beobachten.

Sie hat verstanden, dass sie keinem negativen Gefühl nachgeben darf. Sie hat begriffen, dass jede kleine Äußerung in Unruhe gesprochen, eine Weitergabe von ihren eigenen negativen Gefühlen ist. Gefühle, mit denen ihr Gegenüber nichts anfangen kann. Sie weiß, dass jede Äußerung, die sie von sich gibt, die nicht im Frieden gesprochen wird, Ausdruck ihrer eigenen ängstlichen, schmerzvoll erfahrenen Gefühle ist. Sie weiß, dass sie in Wahrheit ihrem Gegenüber nicht die Worte entgegenbringt, die sie sagen möchte, sondern dass es sich immer darum dreht, was sie fühlt, meist unbewusst. Gefühle von Schmerz und Leid.

Sie weiß, dass sie all ihre schmerzvollen Gefühle in diesem Leben erfahren hat, und dass sie auch in vielen früheren Leben Erfahrungen hatte, die jetzt zum Vorschein kommen.

Sie weiß, dass alle Gedanken und Gefühle Kraftladungen sind, die sie aussendet, und dass alle Kraftladungen zu ihr zurückkommen, die guten wie die schlechten.

Sie erinnert sich daran, dieses auch im neuen Testament gelesen zu haben. Sie weiß, dass es sehr viel Konzentration und entschlossene, harte Arbeit erfordert, sich selbst zu beobachten. Ständig darauf zu achten, was sie denkt und fühlt. Sich der Kraftladungen, die sie aussendet, bewusst zu werden. Sie weiß, dass alle Kraftladungen ihren Tribut zollen. Sie weiß, dass alle negativen Ladungen, die wiederholt gedacht und gefühlt werden, zu eigenständigen Wesen werden, die immer wieder zu ihrem Schöpfer zurückkehren und beginnen, lästig zu werden.

Sie weiß, dass sie es mit Konzentration, Beobachtung und absoluter Entschlossenheit schaffen kann, diesen Ladungen, die Kraft abzusaugen, keine neue Energie zu geben. Sie weiß, wenn sie bedingungslos positiv denkt und fühlt, wenn sie ihr Herz und ihre

Seele in den Schoß Gottes legt, sie neue positive Kraftladungen aufbaut.

Sie weiß, wenn sie andauernd denkt: „Ich liebe dich", „Ich vergebe dir", „Ich wünsche dir Frieden im Herzen", sie damit Kraftladungen aussendet, die zu ihr zurückkommen. Sie weiß, dass positive, heilsame Kraftladungen ihr nur Positives und Heilsames bringen. Somit ist sie sehr darauf bedacht, nur positive, kraftvolle, lebensbejahende Worte und Gedanken auszusprechen. Sie hat erfahren, wie wertvoll es ist, sich der Stimme des Herzens zu nähern, und wie wichtig es ist, um jeden Preis dafür zu kämpfen. Sie versucht Frieden in sich zu finden und zu halten.

Sie hat verstanden, dass sie alles dafür geben muss, um ihre Seele wieder zurückzuerobern. Sie weiß, wenn sie den ersten Schritt macht, Gott zehn Schritte auf sie zugeht.

Sie weiß, dass Sie ihre Seele nie verloren hat, aber dass das negative Fühlen und Denken sie von ihrer wahrhaften Wahrnehmung ablenkt. Sie hat einen tiefen Glauben an einen allmächtigen, bedingungslos liebenden Schöpfer bekommen. Sie hat nur einen Wunsch: Ihr Herz und ihre Seele in seine Hände zu legen, damit sie das tun kann, was er möchte, das sie tun soll.

Sie übt sich in Hingabe, Demut und Geduld. An diesem Morgen liest sie im Testament den Satz: „Vater, vergib ihnen, denn sie wissen nicht, was sie tun." Irgendwie ergreift sie dieser Satz zutiefst und sie fühlt eine Berührung im Herzen.

Auf dem Weg zur Arbeit denkt sie intensiv und fast meditativ über diesen Satz nach. Sie versucht zu erfassen, was damit wirklich gemeint ist. Auch wird ihr bewusst, dass sie die Situation mit ihrer Affäre beenden möchte. Ihr wird bewusst, wie sehr sie sich damit selbst belügt.

Es ist kurz nach 11:00 Uhr, als sie an ihrem Schreibtisch sitzt und ihr Chef das Büro betritt. Er begibt sich an ihren Schreibtisch und hält eine Kaffeetasse in seiner Hand. Wenn man die Kaffeetasse genauer betrachtet, kann man feststellen, dass diese zu der

Kategorie Tasse gehört, die schon lange keine Reinigung mehr erfahren hat. Außen an der Tasse kleben überall alte braune Flecken und im Kaffee selbst schwimmt neben dem Löffel eine weiß-grüne Masse, die als Schimmel zu erkennen ist. Er schaut sie mürrisch an und stellt diese Kaffeetasse auf ihrem Schreibtisch ab. Dazu macht er eine abwertende Handbewegung und sagt zu ihr: „Räumen Sie die in die Spülmaschine." Nach einer kurzen Pause fügt er noch hinzu: „Aber machen Sie das mal ordentlich, damit man das Gefühl bekommt, dass Sie hier zu irgendetwas Sinnvollem zu gebrauchen sind." Er dreht sich ohne ein weiteres Wort um und verlässt das Büro zu einem Termin. Für einen kurzen Augenblick herrscht peinliche Stille in dem kleinen Büro. Für einen kurzen Augenblick hat Julia das Gefühl, es hätte ihr jemand in den Magen getreten. Wie feste Hiebe prasseln die Worte des Chefs auf sie nieder. Überwältigt von dieser Situation gelingt es ihr dennoch, sich zu konzentrieren. Sie sammelt sich und beginnt ihre Gefühle zu beobachten.

Sie fühlt: Unverständnis, Ärger, Wut, Hass, Demütigung, Erniedrigung, Sprachlosigkeit und Ohnmacht. Als sie dann die Tasse anschaut, bekommt sie das Gefühl, ihrem Chef diese gegen den Kopf werfen zu wollen. Sie beobachtet auch dieses Gefühl still in sich und identifiziert es als Rache und Abbau von Stress.

„Aber machen Sie das ordentlich" klingt dieser Satz langsam in ihr nach. Wie und wo spürt sie die verbalen Schläge körperlich? Sie bleibt still und beobachtet genau ihre Gefühle. Sie fühlt den Schmerz und lässt ihn auch kommen. Sie hat gelernt, nichts zu verdrängen. Aber sie weiß auch, dass es genau diese Gefühle sind, die sie jetzt von ihrem Herzen weglocken wollen.

Die negativen Kraftladungen wollen sie zu einer Marionette ihrer selbst machen. Das weiß sie. Sie benötigt Ruhe, um alles auf sich wirken zu lassen. Langsam geht sie zum WC. Sie setzt sich auf den geschlossenen Toilettendeckel, schließt die Augen und beginnt zu beten. „Lieber Gott, was auch immer der Grund ist, dass ich diese Situation jetzt erfahre, ich bitte um Kraft und Mut, meine Gefühle in Liebe zu wandeln und vergebend auf alles zu schauen." Sie geht immer tiefer in das Gebet, sie sitzt eine ganze Weile auf dem WC-Deckel und schaut immer und immer wieder in sich hinein.

Bild 28: Konzentration hilft, die negativen Gedanken und Gefühle abzuschirmen

Sie erinnert sich daran, dass es der Frieden in ihrem Herzen ist, um den es jetzt geht. Frieden in sich zu halten, die Kraft des Herzens zu stärken gegenüber den vielen negativen Gedanken und Gefühlsladungen, die jetzt auf sie einwirken.

„Ich liebe mich, ich liebe mich, ich liebe mich. Ich vergebe mir und ich vergebe meinem Chef. Was auch immer der Grund für diese Situation ist, ich weiß es nicht. Lieber Gott, ich bitte jetzt um Vergebung, dass ich diesen Schmerz in mir fühle und nicht deine Liebe, das bitte ich zu vergeben. Ich bitte für mich und für die negativen Gefühle in mir um Vergebung. Ich bitte um Vergebung und Heilung für meinen Chef."

„Lieber Gott, was auch immer der Grund ist, dass ich diese Situation jetzt erfahre, ich bitte um Kraft und Mut. Ich bitte darum, meine Gefühle in Liebe und Mitgefühl wandeln zu dürfen. Ich bitte um die Kraft der Vergebung. Bitte führe du mich jetzt."

Bild 29: Vergebung und Eigenliebe stärken Geist, Herz und Seele

Sie sitzt eine ganze Weile dort und schaut immer und immer wieder in sich hinein.

„Ich liebe mich, ich liebe mich, ich liebe mich. Ich vergebe mir und ich vergebe meinem Chef. Lieber Gott, ich bitte dich jetzt um Vergebung für mich."

Nachdem sie eine Weile intensiv gebetet hat, beruhigt sie sich und geht langsam, aber sicheren Schrittes an ihren Schreibtisch zurück. Sie nimmt die Kaffeetasse und trägt diese in die Küche. Sie beobachtet genau ihre Gefühle, während sie die Tasse ausschüttet. Als der Schimmel aus der Tasse schwappt, steigt in ihr Wut auf. Sofort begegnet sie der Wut mit Liebe. „Ich liebe mich, ich liebe mich, ich liebe dich, Gott, Vater im Himmel. Danke, danke, danke, dass du mich liebst."

Immer und immer wieder lässt sie die negativen Gefühle kommen und bittet um Vergebung. „Ich liebe mich", spricht sie unentwegt. Am Nachmittag steigt sie ins Auto und macht sich auf den Weg nach Hause.

Was sind ihre Gedanken während der Fahrt? Was ihre Gefühle? Sicherlich ist sie noch immer im Konflikt, aber sie beobachtet, wie die negativen Gedankenmuster und Gefühle immer wieder versuchen sie einzunehmen. Sie spielt liebevolle Mantren von ihrer CD und singt diese laut mit. Das hilft ihr, sich zu konzentrieren und die negativen Gedanken zu überwinden. Zumindest kann sie eine Barriere zwischen sich und den raubenden, vernichtenden Kräften stellen. Sie weiß, dass es jetzt um sie selbst geht, um ihr Herz und ihre Seele, und so kommt sie ausgeglichen und ruhig zu Hause an. Sie öffnet die Haustüre und das Erste, das ihr begegnet, sind Schuhe und Taschen von ihrem Sohn und ihrem Mann. In aller Ruhe beobachtet sie die aufkeimende Wut und den Ärger in sich. Das Gefühl, sich wie ein Papagei zu fühlen, nicht gehört zu werden.

All das beobachtet sie gelassen und ruhig. Sie entscheidet sich, Gott Freude zu bereiten, und wählt entsprechend. Sie ruft ihren Sohn herbei. „Was ist denn, Mama?", fragt der Kleine um seine Faulheit wissend und mit einem schelmischen Grinsen im Gesicht. „Ich habe dir schon mehrfach gesagt", antwortet Julia, innerlich ruhig und gelassen, „du möchtest deine Schuhe und Taschen dahin räumen, wo sie hingehören, in den Schrank. Ich habe dir mehrfach erklärt, warum das Sinn ergibt."

Julia bleibt in dieser Situation sachlich. Keine negativen Gefühlsregungen schwingen in ihrer Stimme mit. „Ich gebe dir jetzt noch ein letztes Mal die Möglichkeit, dein Verhalten zu ändern." Sie kniet sich nieder und schaut ihrem Sohn direkt in die Augen. „Weißt du, wir müssen alle die Folgen für unser Handeln tragen", impft sie ihm ein. „Sollten die Klamotten morgen wieder da liegen, räume ich sie für dich weg, und du wirst sie dann sehr lange suchen müssen, bis du sie wiederfindest."

Mit einem Schulterzucken und leicht verdrehten Augen nimmt Marc die Worte seiner Mutter zur Kenntnis, ohne sich deren tieferer Bedeutung bewusst zu sein. Er räumt die Sachen weg und geht wieder spielen.

Beim gemeinsamen Abendessen erkennt Julia immer mehr, dass sie einen großen Fehler damit begangen hat, ihren Mann zu betrügen. Ihr Gewissen nagt an ihr und sie spürt, dass sie bald alles klären möchte.

Auch dieses Gefühl beobachtet Julia sehr aufmerksam. Ihre Angst davor, ein Geständnis zu machen, ihre Scham, ihren Mann und auch ihren Sohn betrogen zu haben, kränkt sie sehr. Sie bittet Gott um Vergebung, um Vergebung dafür, dass sie die Liebe, das Gute in sich, betrogen hat. Sie wünscht sich nichts sehnlicher als Frieden im Herzen.

Im Seminar hat sie von der Innenschau (diese wird von vielen Heiligen genutzt) gehört, und so setzt sie sich am Abend vor dem Schlafengehen auf die Bettkante und nimmt sich 5–10 Minuten Zeit, den Tag vor ihrem inneren Auge ablaufen zu lassen. Sie beobachtet sich selbst aus der Vogelperspektive und lässt dabei alle Begegnungen und Gespräche nochmals vor ihrem inneren Auge ablaufen. Sie weiß, dass sie die Innenschau mit Verständnis und Liebe völlig bewertungsfrei durchführt.

Am Ende dieser Übung stellt sie sich folgende Fragen:

„Was habe ich gedacht oder gefühlt, was ich nicht hätte denken oder fühlen sollen?"

„Was habe ich nicht gedacht oder gefühlt, was ich hätte denken oder fühlen sollen?"

„Was habe ich getan, was ich nicht hätte tun sollen?"

„Was habe ich nicht getan, was ich hätte tun sollen?"

Dann nimmt sie sich fest vor, am kommenden Tag noch intensiver und liebevoller mit sich selbst und anderen umzugehen. So bettet sie dann ihren Kopf auf ihr Kissen und schläft friedlich ein. In der Nacht träumt sie nicht und sie erwacht frisch und munter nach einem ausgeruhten Schlaf. Ihr erster Gedanke nach dem Erwachen ist: *„Gott, danke, dass du mich liebst, heute will ich dir Freude bereiten. Ich wünsche mir, dass du heute in mein Herz und meine Seele schaust, damit ich alles offenbare, was dort nicht hingehört."*

Konzentriert und mit aller Kraft versucht sie im Laufe des Tages an diesem Gedanken festzuhalten, auch übt sie, das Mantra „Om Namah Shivay" zu rezitieren. Sie hat in einem Buch über Babaji[6] gelesen, dass es wie eine Atombombe der Liebe im Geiste wirkt, und das gefällt Julia sehr.

Während sie im Auto sitzt und ins Büro fährt, hört sie wieder schöne Mantren und singt diese lautstark mit. Quälende Gedanken wie „Was ist, wenn es heute wieder vorkommt" pariert sie mit Gedanken der Liebe und Vergebung. *„Ich liebe mich, ich liebe mich. Wie soll Gott sich an mir erfreuen, wenn ich solch übles Zeug denke. Heute will ich glücklich sein und Gott Freude bereiten."*

Sie sitzt im Büro und hat ihren Kolleginnen bereits vergeben, dass diese augenscheinlich schlecht über sie geredet haben, als sie am Morgen das Büro betrat. Die Zeit verstreicht und so gegen

---

[6] The Teaching Of Babaji, New Edition 2015, Haidakandi Samaj

halb vier kommt ihr Chef in das Büro. In der rechten Hand hält er einen Kuchenteller mit einem halb gegessenen Kuchen und der Kuchengabel und in der linken Hand eine Kaffeetasse. Beides stellt er mit folgenden Worten und einer abwertenden Handbewegung auf ihrem Schreibtisch ab: „Räumen Sie das weg, aber stellen Sie sich nicht so dumm an wie gestern. Ist ja wohl nicht zu viel verlangt, mal was richtig zu machen." Er dreht sich um und verlässt das Büro zu einem Termin außerhalb des Büros. Sie wird von ihren negativen Gedanken der Wertlosigkeit und Minderwertigkeit attackiert. Es ist so, als würden Dynamitstangen in ihrem Herzen und in ihrer Seele gezündet. Sie ist den Tränen nahe und dennoch bleibt sie gefasst und ihr erster Weg führt zum WC.

Sie setzt sich wieder auf den geschlossenen Toilettendeckel, schließt die Augen, schaut in sich hinein und beginnt ihr Ritual. Sie beginnt erneut zu beten. *„Lieber Gott, was auch immer der Grund ist, dass ich diese Situation jetzt erfahre, ich bitte um Kraft und Mut, meine Gefühle in Liebe zu wandeln."* Sie sitzt eine ganze Weile dort und schaut immer und immer wieder in sich hinein. Sie erinnert sich daran, dass es der Frieden in ihrem Herzen ist, um den es jetzt geht. *„Ich liebe mich, ich liebe mich, ich liebe mich. Ich vergebe mir und ich vergebe meinem Chef, ich vergebe meinem Chef."*

„Wie tot muss jemand innerlich sein, wie weit von der Liebe des Herzens entfernt muss ein Mensch sein, um eine Handlung des Hasses, der Macht oder Gier auszuführen." Dieser Gedanke nimmt sie ganz ein und in ihrem Herzen erwacht ein starkes Mitgefühl.

„Lieber Gott, ich bitte jetzt um Vergebung für die Seele meines Chefs, es tut mir so leid, dass diese kleine Seele so viel unendliches Leid erfahren hat. Es tut mir leid, dass diese kleine Seele den Weg in dein Herz nicht sieht. Es tut mir leid, dass mein Chef nicht in der Lage ist, liebevoll und gütig zu sich selbst zu sein. Ich bitte um Vergebung für meinen Chef und für alle Taten, die er durch seine Verletzungen anderen und auch mir angetan hat. Lieber

Gott, ich bitte um Vergebung für das Verhalten meines Chefs, er weiß nicht, was er tut. Schmerz und Leid ist in ihm und Schmerz und Leid drückt sich durch ihn aus. Ich bitte um Vergebung für sein Herz und seine Seele. Und ich bitte auch um Vergebung für mich selbst, dass ich deine Liebe in meinem Herzen noch nicht so ausdrücken kann, wie ich es mir wünsche. Dein Wille geschehe."

Immer und immer wieder lässt sie die negativen Gefühle kommen und bittet im Herzen um Vergebung, sie verdrängt nichts. „Ich liebe mich", spricht sie unentwegt und sie versucht so gütig wie möglich zu sich selbst zu sein.

Bild 30: Vergebung und Eigenliebe stärken Geist, Herz und Seele

Julia weiß, dass sie sachlich bleiben muss. Sie weiß, sobald sie eine Antwort auf die unverschämte Verhaltensweise ihres Chefs gibt, diese absolut sachlich sein muss. Sie muss in jedem Fall friedlich sein und es dürfen keine negativen Gefühle in ihren Worten mitschwingen. Kein Vorwurf und auch keine Gefühle von „Warum ich" oder „Ich bin verletzt". Sie darf sich auch nicht von zusätzlichen negativen Ausbrüchen ihres Chefs provozieren lassen. Ihre Geduld und ihr Mitgefühl müssen unendlich groß und gutmütig sein, bevor sie ein Gespräch mit ihm sucht. Sie fühlt in sich hinein und beschließt, heute nichts zu sagen. Sie nimmt den Kuchenteller und den Kaffeebecher und trägt beides in die Küche. Während sie den Becher ausschüttet, beobachtet sie dabei genau ihre Gefühle. In ihr tobt erneut der Krieg, als sie die Speichelreste auf der Kuchengabel sieht. Innerlich wägt sie ab. „Ist das die richtige Verhaltensweise?" – „Ich muss doch was sagen." – „Ich kann doch nicht immer nur ruhig sein und alles still ertragen."

Mitgefühl, Liebe, Wut, Unverständnis, Hass und Dankbarkeit, vergeben zu dürfen, wechseln sich ab. „Wie lange soll das noch so weitergehen?" Aber Julia ist fest entschlossen, diese Gelegenheiten zu nutzen, um sich in ihrer Vergebungsarbeit zu stärken.

So geht sie konzentriert und gestärkt wieder an ihren Arbeitsplatz zurück und fährt am Abend zur gewohnten Zeit nach Hause. An der ersten Kreuzung nimmt ihr ein junger Mann die Vorfahrt. Gerade noch kann sie auf die Bremse treten, um Schlimmeres zu verhindern. Sie merkt, wie sie sich darüber ärgert. Sie fühlt den Ärger, aber sie hupt nicht.

Stattdessen denkt sie: „Ich wünsche dir Frieden und eine sichere Fahrt." Und sie fügt innerlich noch hinzu: „Mögest du friedlich an dein Ziel kommen und Gott in deinem Herzen finden."

Als sie zu Hause ankommt, wird sie von vielen Schuhpaaren, die sich im Flur zu stapeln scheinen, empfangen. Klarheit keimt in ihr auf. Ruhig und friedlich nimmt sie die liegengebliebenen Schuhe und die Sporttasche des Jungen und versteckt diese im Keller in einem Schrank. Endlich so konsequent zu handeln, bereitet ihr große Freude.

Da kommt ihr kleiner Sohn Marc die Treppe heruntergelaufen. An der Art und Weise, wie er die Stufen herunterspringt, kann sie sehen, dass es sich um eine freudige Nachricht handelt, die er ihr mitteilen möchte.

Völlig außer Atem steht er strahlend vor ihr: „Mama, Mama, du kannst dir nicht vorstellen, was Tolles passiert ist." Julia spürt die Liebe ihres Sohnes. Im gleichen Moment keimen negative Gedanken in ihr auf. Gedanken, die jetzt von ihr fordern, ihren Sohn wegen der Schuhe zu tadeln. Sie lässt den Stier der Negativität ins Leere laufen und entscheidet sich für Frieden.

„Was ist denn Tolles passiert?", fragt sie. Marc erklärt ihr mit der ganzen Freude seines Kinderherzens, dass er zu dem Fußballturnier mitfahren darf. Dass es sich dabei um das Turnier der „Großen" handelt und sein Trainer ihn mit viel Lob eingeladen hat, dort mitzumachen. Mit großen, voller Freude strahlenden Augen schaut er sie an und fragt: „Mama, kannst du mich dorthin fahren?"

„Gerne fahre ich dich, mein Schatz", begegnet Julia ihrem Sohn mit offenem Herzen und echter Freude. Glück und Dankbarkeit sind in dem Jungen zu erkennen. Marcs Herz wurde mit und von einem anderen Herzen berührt.

Aber Julia nutzt auch die Gelegenheit, ihren Sohn darauf aufmerksam zu machen, dass er zum Fußballspielen seine Fußballschuhe benötige. In diesem Augenblick wird dem Jungen klar, dass er trotz der erneuten Vereinbarung nicht aufgeräumt hat. Mit Erschrecken stellt er fest, dass die Schuhe und der Sportsack verschwunden sind. „Viel Spaß beim Suchen. Denk daran, du trägst die Verantwortung für dein Handeln und die Folgen daraus", fügt sie noch mit einem Schmunzeln hinzu.

In den nächsten Stunden hört sie ihren Sohn laut vor sich hin schimpfen, während er das Haus wie Sherlock Holmes durchkämmt. Immer wieder steht er bittend vor ihr, sie möge ihm doch einen Tipp geben.

Obwohl ihre Gefühle versuchen durchzudrehen und sie beginnt, sich wie eine Rabenmutter zu fühlen, bleibt sie konsequent. Auch wenn sie nach zwei Stunden nachgibt, so hat sie dennoch den Entschluss gefasst, dass nur konsequentes Handeln für Klarheit sorgen kann. Nachdem Marc seine Fußballschuhe wiedergefunden hat, begibt er sich in sein Zimmer und lässt längere Zeit nichts von sich hören. Eine ganze Weile ist es dort sehr leise und als Julia nach einiger Zeit an seine Tür klopft, sieht sie vor lauter Freude, dass Marc sein Zimmer hundertprozentig aufgeräumt hat.

Am nächsten Morgen entscheidet sich Julia, die Affäre zu beenden. Beinahe hätte sie ihr Telefon vergessen, aber sie wollte ihrem Liebhaber auf dem Weg zur Arbeit mitteilen, dass die Beziehung aus ist. Auf der Hälfte der Wegstrecke bleibt Julia auf einem kleinen Parkplatz stehen. Sie schließt ihre Augen und beginnt ein Gebet.

„Lieber Vater im Himmel, ich danke dir für deine Liebe, ich danke dir, dass du mich liebst und dein Versprechen wahr gemacht hast, tief in meinem Herzen und in meiner Seele verankert zu sein. Ich danke dir von Herzen dafür, wann immer ich dich finden will, ich dich auch finden kann. Ich danke dir, dass du mich nicht verlassen hast. Ich möchte um Vergebung bitten für meinen Seitensprung. Ich möchte um Vergebung bitten, dass ich mich selbst, meinen Sohn und meinen Mann betrogen habe. Ich bitte um Vergebung, dass ich bewusst und unbewusst meine Familie belogen habe, das tut mir leid. Bitte, lieber Gott, vergib du mir meine Fehler. Es tut mir auch leid, dass ich aus dem Gefühl der Unzufriedenheit diese Beziehung eingegangen bin. Ich weiß heute, dass Unzufriedenheit ein Gefühl von mangelnder Liebe ist. Liebe, nach der ich mich so sehr sehnte. Aber ich wusste nicht, dass es meine Seele ist, die sich so sehr nach deiner so endlosen, barmherzigen Liebe sehnt. Bitte erfüll du mich mit deiner Kraft, damit ich wieder leben kann. Ich danke dir für deine Liebe und danke, dass ich um Vergebung fragen darf. Ich liebe dich mit meinem ganzen Herzen, meiner ganzen Kraft und meiner ganzen Seele. Danke."

Dann nimmt sie das Handy und schreibt ein kompromissloses, unwiderrufliches, sachliches Beendigungsschreiben an ihren „Ex-Geliebten". Danach legt sie die flache Hand auf ihr Herz, auf die Mitte ihrer Brust, atmet zufrieden einige Male tief durch und beschließt, heute nicht in die Arbeit zu fahren.

Als Alex merkt, dass er seinen Laptop vergessen hat und nach Hause kommt, findet er kein Telefon, es klingelt auch nicht an der Türe und der Baseballschläger bleibt unberührt. Du stehst immer noch auf dem schmalen Weg in der Siedlung, spürst die Wärme der Sonne auf deiner Haut und riechst an der Rose und alles ist friedlich.

Vergebung ist eine wirklich ernste, ehrliche und anstrengende Arbeit. Aber es ist das Heiligste, das dem Menschen in die Hände gelegt wurde, um sich vom Üblen zu befreien. Mit dem Herzen denken und dem Verstand fühlen ist eine sehr große Aufgabe. Das Verhalten der großen Seelen war und ist für mich stets der Maßstab, ihrem Handeln zu folgen. So ist es mir doch gerade recht, die Werkzeuge zu benutzen, die schon so viele Heilige benutzt haben, um der Liebe und Barmherzigkeit Gottes Ausdruck zu verleihen.

Vergeben und Verzeihen sowie mit einem demütigen Herzen Liebe auf Erden zu leben. Wie dankbar kann ich sein, all das in den Tiefen meines Herzens zu erfahren. Aber ich spüre auch das Gesetz Gottes: *Wer gibt, empfängt! Und so gebe ich, so gut ich kann*. Jeden Tag.

Tiefe Verletzungen im Herzen und in der Seele heilen

Wenn wir sagen, dass wir keine Sünde (das Üble in uns) haben, betrügen wir uns selbst, und die Wahrheit ist nicht in uns.

1. Joh. 1,8

Ich wünsche mir von ganzem Herzen, dass du den Prozess erkennst, der hinter dieser Geschichte von Julia liegt. Die Menschen töten sich lieber gegenseitig oder verletzen sich selbst bis zur Ohnmacht, anstatt zu erkennen, dass sie einen großen Fehler machen oder gemacht haben. Zu erkennen, dass etwas in dir liegt, das will, dass du leidest. Zu erkennen, dass du von etwas getrieben wirst, von dessen Existenz du nichts weißt. Etwas, das nichts mit dir zu tun hat. Oder ist es mehr das Verleugnen, dieses Etwas nicht wahrnehmen zu wollen? Eines ist sicher, die Menschen fühlen den negativen Schmerz auf sehr leidvolle Weise. Es gilt, mutig zu sich selbst zu sein, entschlossen zu erkennen, wie etwas dein Herz und deine Seele rauben will. Ehrlich zu sein, zuzugeben, dass es etwas in dir gibt, das nicht will, dass du dein Herz findest, dass kein Frieden kommt. Das ist so einfach, aber nicht leicht, und dennoch liegt hierin der wesentliche Schlüssel.

In der Übersetzung der Bhagavad Gita von Yogananda[7] erwähnt er einen Schlüsselsatz, der häufig zitiert wird: „Die verkörperten Wesen jedoch sind verwirrt, da Unwissenheit ihr wahres Wissen bedeckt." Bhagavad Gita, Kapitel V, Vers 15

Es ist die Unwissenheit darüber, zu verstehen, warum Menschen sich wie bestialische Tiere verhalten und warum Menschen lieber in Hass, Wut, Zorn, Gier, Macht und der daraus resultierenden Zerstörung handeln. Zu akzeptieren, dass etwas im Menschen ist, das ihn immer wieder dazu treibt zu leiden, und dass dieses Etwas nicht Gott ist und mit der Herrlichkeit Gottes nichts gemein hat.

Denn das Gute, das ich will, übe ich nicht aus, sondern das Böse, das ich nicht will, das tue ich.

Röm 7,19

Wenn ich aber das, was ich nicht will, ausübe, so stimme ich dem Gesetz bei, dass es gut ist. Nun aber vollbringe nicht mehr ich es, sondern die in mir wohnende Sünde (das Üble selbst).

Röm 7,16-17

Somit sind die Worte im Testament ganz einfach zu verstehen. Wenn du dich nicht entscheidest, nimmt das Üble dir die Entscheidung ab, und das nicht zu deinem Wohle. Sobald der Mensch mit Angst, Wut, Hass, Ungeduld, Unruhe oder sonst einem negativen Gefühl handelt, sobald er beginnt zu verurteilen oder seine Verletzungen verteidigt – dabei ist es ganz gleich, ob er das sich

---

[7] Bhagavad Gita Self-Realization Fellowship; 1. Auflage (August 2005)

selbst gegenüber tut oder ob er es anderen antut –, sobald negative Gedanken und Gefühle fühlbar sind, ist das Es in ihm schon am Werk. Beim Fernsehen wird mit den Gefühlen von Freud und Leid gespielt und immer geht der Mensch durch all die gespielten Emotionen, ohne sich darüber bewusst zu sein, dass er diese gerade in der vollen Härte durchlebt.

Bei einem Fußballspiel oder Sport im Allgemeinen, ganz besonders bei Wettkämpfen, geht es um das Urteilen und die emotionale Achterbahn, die der Teilnehmer erlebt. Es ist hier wunderbar zu beobachten, wie das Üble agiert.

Jeder Wettkampf forciert ein Urteil und Parteiergreifen. Der Stadionbesucher legt in der Zeit, in der er sich im Stadion befindet, sein ganzes Sein in die Hände der Bedingungen des Spiels. Fällt ein Tor für die eigene Mannschaft – totaler Jubel –, Gegentor – totale Enttäuschung. Dann wird noch geschimpft und geflucht. Verliert der eigene Verein ein wichtiges Spiel, werden Trauer und Enttäuschung gefühlt und vollends ausgelebt. Wird daraufhin eine lapidare Antwort gegeben, wie: „Ist doch nur ein Spiel", kann das zu erneuten, extremen Reizungen führen. Und es werden dann alle Argumente aufgezählt, die dieses negative Gefühl nun rechtfertigen: Der dumme Schiedsrichter, die überbezahlten Spieler oder einfach nur der Rasen.

Beim Betreten des Stadions herrscht kein klares Bewusstsein, keine Absicht zur Selbstreflexion und keine Überprüfung, welche Art von Gefühlen das Üble nun in die Manege wirft. Es wird abgetan mit den Worten: „Das gehört doch zum Leben dazu."

Der Mensch entscheidet sich dafür, diese Sache nicht zu verändern, und damit stimmt er dem Gesetz zu, ... dass er das, was er nicht will, akzeptiert, also das Üble in sich. Ich finde es absolut gravierend, was hier steht! ... Nun aber vollbringe nicht mehr ich es, sondern die in mir wohnende Sünde (das Negative). Das Üble steuert das Verhalten der Menschen über die Negativität, es fährt mit ihm die Rallye seines Lebens und das immer in Angst und

Schrecken. Da der Mensch unwissend geworden ist, hat das Böse ein leichtes Spiel, denn der Mensch verteidigt seine Angst und Wut dann auch noch bis auf das Blut. Der Mensch kennt den Unterschied zwischen seiner Seele und seinen Gedanken und Gefühlen nicht mehr. Diese Unwissenheit ist sein größter Hemmschuh und auch beinahe sein Genickbruch. Er wird zur Marionette des Üblen, des gefallenen Engels, der der Verwalter von allem Negativen ist. Aber es ist des Menschen eigene Entscheidung, das zu verändern oder nicht. Jeden Tag, in jedem Augenblick. Meines Erachtens ergibt es großen Sinn, Gott hierfür um Vergebung zu bitten.

Es ist das Ego, das Negative, das die so schmerzlich erfahrenen Gefühle von Leid dazu benutzt, immer weiter ein Spinnennetz aus Lügen und Verletzungen zu stricken.

Auch ist es das Üble selbst, das diese negativen Gefühle für sich beansprucht.

Das Ego spielt das Orchester von Angst und Schrecken, am liebsten bis zum Tode, und der Dirigent ist der gefallene Engel selbst. Gott ist nur Liebe und auch sein eingeborener Sohn Christus ist ihm in der Liebe gleich. So stelle ich mir immer wieder die gleiche Frage – Entweder ist die Liebe wahr oder Schmerz und Leid.

Was macht es jetzt so schwierig, die Wahrheit zu erkennen? Die Schwierigkeit liegt im Schmerz selbst, denn der Schmerz hat die Eigenschaft, sich so real anzufühlen. Ein Gefühl des Schmerzes wird so real erfahren, dass es seelisch und körperlich fast nicht auszuhalten ist. Dann führt der Schmerz selbst noch Tausende Argumente auf, um zu erklären, dass es seine Richtigkeit hat, jetzt Schmerz zu fühlen, und dass man sich ruhig vom Leben, den Menschen und auch von Gott betrogen fühlen darf. „Jetzt bin ich aber wirklich sauer, das Maß ist voll. Alles kann ich vergeben, aber das nicht!" Der Schmerz zeigt auf alles und jeden und vermittelt das Gefühl, es müsse doch einen Schuldigen geben für all das

Elend der Welt. Es ist das Ego, das Üble, das dafür sorgt, dass es nicht erkannt wird. Das tut es, indem es immer wieder auf andere zeigt und diese schuldig spricht, und damit von sich selbst ablenkt. Es bringt die Menschen in andauernden Schmerz, lacht sich halb tot darüber. Es gibt dir das Gefühl, dass die Rechtfertigung der negativ erfahrenen Gefühle rechtens ist. Es gibt den Menschen das Gefühl, dass andere Menschen oder Umstände für dieses Gefühl schuldig sein müssen.

Absolute Ehrlichkeit sich selbst gegenüber ist hier gefragt. Es müssen alle Gefühle auf den Tisch gelegt werden, um zu erkennen, was Liebe ist und was Leid mit sich bringt. Kein Gefühl darf dabei negiert werden. Ist das Gefühl der Verletzung oder der Kränkung auch noch so klein. Es ist zwingend notwendig, das Haus zu putzen und alles aus dem Keller hervorzuholen. Nichts darf versteckt werden. So nach dem Motto: „Dieses und jenes ist schon geschehen, aber das war nicht so schlimm."

Tu das nicht, sei ehrlich zu dir selbst. Denn sobald du ein negatives Gefühl oder einen Gedanken beobachten kannst, ist dieser wie ein Dieb erkannt und kann dann in Liebe vergeben werden. Das ist schon alles. Beobachten, mutig und entschlossen alles anschauen, was da liegt, und einfach jedem negativen Gefühl, jedem negativen Gedanken vergeben und diesen in rosarote Watte einhüllen.

Ebenso wichtig ist es zu verstehen, warum die Menschen die Gefühle von Schmerz und Leid so bedingungslos und ohne ein Gefühl von Scham weitergeben. Warum sie ihre Kinder und Kindeskinder, ihre Ehemänner und Ehefrauen, ihre Verwandten und Freunde, ihre Nachbarn und Kollegen von Generation zu Generation so tief verletzen. Es sind die vielen kleinen und großen Kränkungen in Form von Verletzungen, die dieses Leben auf Erden fast unerträglich machen.

Mir hat jemand erzählt, dass er als Kind von einem Erwachsenen als ein „schreckliches Kind" bezeichnet wurde, obwohl er bei dieser Begebenheit tiefes Mitgefühl für ein anderes Kind empfand. Dieser Mensch wurde im Kindesalter von einem Erwachsenen richtig abgestraft. Seelisch und im Herzen. Eine Granate der Missachtung wurde im Herzen dieses Kindes gezündet. Heute sitzt der Mensch unter Tränen vor mir und erzählt mir, wie sehr es ihn damals im Herzen getroffen hatte. Selbstverständlich war dieses kleine Kind von da ab nicht mehr das Kind, das es einstmals war. Es wird zukünftig etwas vorsichtiger mit anderen Menschen umgehen. Vielleicht mit etwas weniger Vertrauen zu seinen Mitmenschen aus Angst vor erneuter Verletzung. Aber es ist genau dieser zarte Hauch, der das Vertrauen ganz langsam vernichtet. Noch ein Hauch und noch ein Hauch und noch ein Hauch. Was kann eine kleine Seele aushalten, bis sie verzweifelt?

Jetzt geht es darum, den Menschen genau diese Verfehlungen zu vergeben. Also zu vergeben, dass ein erwachsener Mensch ein kleines Kind „ein schreckliches Kind" nennt oder es sonst wie verletzt. Ich möchte nicht die Art und Weise ausmalen, welche Verletzungen hier auf Erden von Menschen an Menschen ausagiert werden. Dazu reichen die Bilder in den Nachrichten und die eigene nähere Umgebung schon aus.

Auch dir selbst zu vergeben ist ein wesentlicher Aspekt. Vergeben, dass du so lange an diesem oder jenem negativen Gefühl festgehalten hast, dass du Bilder von Geschehenem nicht opfern willst für die Liebe. Es ist ein sehr wichtiger und wesentlicher Bestandteil zur Heilung deines Herzens und deiner Seele. Weil die Menschen sich so schwertun mit diesen Dingen und weil der Verstand immer wieder Gerechtigkeit fordert, vielleicht hat Jesus deshalb gesagt:

„Vater, vergib ihnen, denn sie wissen nicht, was sie tun."

Sein Mitgefühl für die Menschen ist unermesslich groß, aber wir sind es, die ihm nachfolgen müssen.

So einfach ist das alles und es steht bereits alles geschrieben. Ich möchte mit dir erarbeiten, warum die Menschen ohne Scham ihre Kränkungen ausleben. Wenn du das verstehst, warum Menschen verletzen, dann kannst du auch vergeben.

Was sind denn nun die Verfehlungen der Menschen? Was vergebe ich denn? Was sind die Fehler, die ich zu vergeben habe?

Während meiner Seminartätigkeit wurde mir eine Vorgehensweise geschenkt, die mich in die Lage versetzt, tiefgreifende Verletzungen zu erkennen. Dadurch kann ich meinem Klienten, seiner Seele helfen, karmische Situationen oder Verfehlungen zu betrachten, zu sehen, was das Herz gerade bedrückt. Sobald die missliche Situation erneut gesehen wird, ist der Klient in der Lage, zu entscheiden und zu bewerten.

Auch die Seele kann neu über das Geschehene entscheiden, und wenn dann Vergebung geschieht, lösen sich alte Verletzungen auf. Es fließen dann meist Tränen, aber es sind Tränen der Heilung.

Einmal sagte eine Teilnehmerin eines Seminares zu mir: „Die Tränen fühlen sich an wie Säure, es brennt so sehr in den Augen." Im gleichen Atemzug lächelte sie mich an und sagte: „Aber es hat so gutgetan, alles rauszulassen", und sie berührte dabei ihr Herz.

Diese Vorgehensweise ist eine sehr heilsame Möglichkeit, sich alten Verletzungen zu nähern. Ich nutze diese Art der Vergebung in meinen Seminaren und Einzelsitzungen. In einem Buch ist es nur bedingt möglich, alle Aspekte mit einzubeziehen, weil bei dieser Arbeit auch mediale, geistige und seelische Aspekte meines Gegenübers mit einbezogen werden. Ich gehe intuitiv vor und kann tiefgreifende Verletzungen sehen.

Wichtiger aber ist, dass der Klient den Hauptteil selbst erarbeitet.

Oft sehe ich schon vorher das Problem, den Umstand oder das Leben, in dem sich die Ereignisse zugetragen haben. Ich darf nichts sagen oder den Klienten darauf hinweisen, ansonsten ist ein Erkennen seitens des Klienten nicht möglich. Der Klient muss sich selbst mutig und entschlossen vortasten. Ich möchte dir diesen Weg nicht vorenthalten und versuche, anhand einer dokumentierten Einzelsitzung die Vorgehensweise erfahrbar zu machen.

Gebet

Lieber Gott, so lange war ich verblendet und habe dem Negativen meine Seele und mein Herz überlassen. Ich möchte endlich deine Liebe fühlen, so bitte ich dich, oh Herr, Vater im Himmel, vergib mir meine Fehler der Unwissenheit, das Negative in mir zu akzeptieren. Ich liebe dich von ganzem Herzen und wünsche mir, dass du dich in meinem Herzen und in meiner Seele offenbarst, und ich bitte dich zutiefst um Vergebung. Nicht mein Wille geschehe, sondern dein Wille geschehe in mir vollkommen.

5

Eine Einzelsitzung: Der Weg des Erkennens

Josi kam zu einer Einzelsitzung. Ich meditierte und begab mich ins Gebet, bevor wir begannen.

Als sie da war, begrüßte ich Josie herzlich. Sie erwiderte meinen Gruß eher zurückhaltend.

Sie war 300 km weit gefahren, um diese Einzelsitzung bei mir abzuhalten, und ihre Gemütsverfassung war leicht zu erfassen. In ihr war ein riesiger Druck spürbar. Sie schien emotional fast zu platzen. Sie nahm Platz und nach wenigen Worten bat ich sie, ihre Geschichte zu erzählen. Für mich ist klar, dass die Geschichte eines Menschen nebensächlich ist. Es ist und bleibt immer nur eine erlebte Geschichte von Schmerz und Leid.

„Die Geschichten, die Menschen erzählen, sind nur Rahmen, in denen die negativen und angstvollen Gefühle ausgelebt werden können. Sie sind wie die Karosserie eines Autos. Der Brennstoff, das Benzin, sind die Gefühle und die Gedanken selbst. Darum zählen für mich nur die Gefühle. Denn das Gefühl ist mit einer meist negativen Kraft aufgeladen, die entschärft werden muss.

Das Auto fährt mit Liebe und Frieden viel weiter als mit Angst und Schrecken."

Zu Beginn erklärte ich Josie, dass die Menschen bereits negative Erinnerungen aus vorherigen Leben mitbringen. Das, was sie in diesem Leben erleben, dient hauptsächlich dazu, Negatives aus vergangenen Leben aufzulösen oder wiedergutzumachen. Die Seele sucht sich ein Leben mit anderen Seelen aus, bei dem der gewünschte Umstand am besten zu erfahren oder zu lösen ist.

Bild 31: Das warst einst du. Reine Freude
verbunden mit der allmächtigen Liebe

So trifft ein Mensch in seinem Leben auf Personen, mit denen ein zu bearbeitendes Gefühl am effizientesten ausagiert, ausgearbeitet werden kann. Ich legte ihr nahe, dass es jede x-beliebige Lebenssituation sein kann.

Es geht nicht um die Situation im Leben, die einem das Leben schwermacht. Es sind immer die negativen Gefühle und Gedanken in einer Situation, um die es geht. Daraus bildet sich der Kern der Situation, ließ ich sie wissen. Vorrangig geht es in allem, was du tust, darum, mit deinem Herzen und deiner Seele zu denken und zu fühlen, aber auch darum, beides wieder wahrzunehmen. In Liebe. Sollte dem nicht so sein, kannst du dir sicher sein, mit deinen Gefühlen in einer negativen Lebenssituation gefangen zu sein. Dann siehst du die Umstände und Personen in der Geschichte des Lebens und erfährst Schmerz und Leid. Josie nickte und erzählte mir, dass sie ein Muster erkennen kann, das betraf ihre Beziehung zu Männern.

Ich konnte sehen, wie bereits diese wenigen Worte ausreichten, um es in ihr toben zu lassen. Sie erzählte mir, dass sie Wut, Hass und eine enorme Aggression spüre, auch in diesem Moment. Sie hat dieses Gefühl in Bezug auf ihren Freund und dessen Kinder. Sie hasste ihren Freund, aber noch mehr seine Kinder. Ihre Wut richtete sich darauf, dass er seinen Kindern mehr Aufmerksamkeit schenkt als ihr.

Ihr Druck und ihre Anspannungen waren körperlich nicht zu übersehen. So erklärte sie mir, dass sich die Situation zuspitzte, als er ohne große Erklärungen für ein paar Tage mit seinen Kindern zu einer Freundin fuhr und sie ohne jeglichen Kommentar zurückließ. Als er von seinem Kurztrip zurückkam, tat er so, als wäre nie etwas geschehen. Als wäre es die normalste Sache der Welt, seine Freundin allein zu Hause zurückzulassen, um mit den Kindern die Exfreundin zu besuchen.

Josie erzählte mir das alles sehr detailliert, und in der Zwischenzeit drehte sie fast durch. Ihre negativen Gedanken überfielen sie in panischen Wellen. Sie hatte Schwierigkeiten zu atmen und ihr Druck war jetzt noch stärker fühlbar. Ich begann mich intensiver einzufühlen. Wie ich schon sagte, mich interessieren nur die Gefühle. Es sind die Gefühle, die wie Bomben und Granaten ein verheerendes Chaos im Körper, der Psyche und der Seele eines Menschen hinterlassen.

In Verbindung mit dem Gebet erfrage ich, warum die Seele gekommen ist, und ich nehme in dieser Zeit Kontakt mit den Geistführern und dem Schutzengel des Klienten auf. Ich erhalte dann meist Bilder vor meinem inneren Auge und oft ein inneres Wissen. Es ist das, was Gott mir erlaubt zu sehen und zu hören. So begann ich Josie zu fragen, welches der Gefühle, von denen sie gerade berichtet hatte, wohl das schlimmste sei.

Ihr fiel es nicht leicht, den Schwall an Gefühlen zu isolieren. In allen meinen Sitzungen und Seminaren fällt es mir immer wieder auf, wie schwer es den Menschen fällt, überhaupt einen Bezug zu einem Gefühl aufzunehmen. Dabei ist es von essenzieller Bedeutung zu erkennen, womit man es eigentlich zu tun hat. In diesem Fall drehten wir uns um Hass, Wut und Aggression.

Damit der Klient sachlich bleiben kann, während er in seine tiefsten dunklen Geheimnisse abtaucht, habe ich einen imaginären Seziertisch erdacht. Auf diesen lege ich dann nach und nach alle die erwähnten Gefühle. Ich erkläre dem Klienten, dass wir das wie beim Arzt machen. Wir legen das Gefühl auf diesen Seziertisch, binden uns einen Mundschutz um und schauen uns das Gefühl von allen Seiten in Ruhe an. Wir schneiden es sozusagen in kleine Scheiben und bleiben so sachlich wie möglich.

Ich zeigte auf den imaginären Seziertisch und bat Josie, sie möge doch einmal die Aggression darauflegen. Wir wollten dann gemeinsam darum herumlaufen und schauen, was noch alles in der Aggression zu finden sei. Mit offenen Augen schaute sie in die Richtung des erdachten Tisches und legte ihre Hand auf ihr Herz. Sie versuchte nachzuspüren. Sie meinte: „Verlustangst ist deutlich zu spüren", doch dann kam wieder die Wut. So bat ich sie, in die Wut zu fühlen und zu schauen, was noch alles in der Wut steckt. Sie spürte nach und fühlte in der Wut Traurigkeit. Ich erklärte ihr, sie möge doch bitte die Gefühle jetzt nicht mehr an ihre Geschichte binden, sondern ganz frei nachfühlen, welche anderen Emotionen sie in sich finden könne. Wie bereits erwähnt ist das sehr wichtig, damit die Protagonisten der Geschichte entlassen werden können und der Fokus nur noch auf dem erfahrbaren Gefühl liegt. Bei der Traurigkeit kamen wir nicht weiter. Wir schauten sie uns von allen Seiten an. Die Traurigkeit gab keine weiteren Gefühle preis. Josie war innerlich noch immer so voller Druck. Ich fühlte mich tiefer ein und spürte, dass es gut wäre, tiefer in die Aggression zu gehen.

Ich fragte: „Was ist die Aggression für ein Gefühl in dir und was macht sie mit dir?"

Sie antwortete: „Die Aggression überrumpelt mich und ich habe mich nicht mehr im Griff. Es ist fast so, als könnte ich jederzeit handgreiflich werden."

In diesem Moment wusste ich, welches Thema ein weiterer wichtiger Punkt sein würde: Ohnmacht und Hilflosigkeit. Es ist ein inneres Wissen, welches ich durch meine geistige Führung erhalte, um weiter zu spüren.

Ich versuchte dann, über die Aggression zu diesen von mir wahrgenommenen Punkten der Ohnmacht und Hilflosigkeit zu kommen. Also fragte ich Josie: „Welche Gefühle stecken noch in der Aggression? Was schwingt da noch mit?"

Ich darf in dieser Situation nur keine Hilfestellung geben, also nichts von dem, was ich bereits innerlich erfahren habe, preisgeben. Ich darf nicht sagen: „Ist es vielleicht Ohnmacht oder Hilflosigkeit?" Das geht nicht. Der Klient muss selbst darauf kommen, ansonsten ist ein Erkennen und Wandeln nicht möglich. Auch bete ich in diesen Phasen bereits intensiv um Vergebung.

Ich fragte Josie erneut: „Welches Gefühl ist noch in der Aggression zu finden." Sie tauchte nach innen und erklärte mir: „Es ist so, als hätte ich die Lage dann nicht mehr im Griff." Da wusste ich, es ist die Kontrolle, die sie verliert, und mit der fehlenden Kontrolle geht auch eine Machtlosigkeit einher.

Aber so weit waren wir noch nicht, sie hatte es selbst noch nicht erkannt. Ich fragte sie, was es für ein Gefühl sei, nichts mehr im Griff zu haben, und sie möge weiter in diesem Gefühl nachspüren. Sie meinte dann: „Ich fühle Machtlosigkeit." Wie wunderbar! Genauso, wie ich es zuvor bereits gefühlt hatte. Also bat ich sie, die Machtlosigkeit auf den Tisch zu legen, und ließ sie hineinschauen.

„Wie fühlt sich Machtlosigkeit an? Was bringt Machtlosigkeit mit sich?", fragte ich erneut. Ich wollte, dass sie erkennt, dass es sie ohnmächtig macht. Denn ich wusste, in dem Gefühl der Ohnmacht lag ein weiterer Schlüssel auf dem Weg zur Heilung für sie.

Sie erwähnte dann: „Ich spüre auch Verlustangst." Verlustangst und Ohnmacht, das passte für mich sehr gut zusammen. Aber erst musste sie die Ohnmacht erkennen. Die Verlustangst legten wir derweil auf einen anderen Tisch und ich ließ diese erstmal unberücksichtigt.

Ich fragte sie erneut: „Wie fühlt sich Machtlosigkeit an?" Sie ging nochmals ganz tief in das Gefühl von Machtlosigkeit und antwortete: „Es ist so, als würde mir alles durch die Finger gleiten, als könnte ich nichts halten." Ich war nah am Etappenziel.

Ich bat sie, noch tiefer in das Gefühl „alles gleitet durch die Finger" hineinzufühlen, und fragte sie erneut, was dieses Empfinden mit ihr machen würde.

Welches Gefühl sie dabei spüren würde? Sie spürte nach und sagte dann: „Hilflosigkeit", und über die Hilflosigkeit kamen wir dann auf die Ohnmacht.

Ich fragte sie, ob Ohnmacht und Hilflosigkeit für sie stimmig seien. Sie fühlte nach und bestätigte mir, dass es genau das sei. Ich bat sie, in das Gefühl von Hilflosigkeit und Ohnmacht hineinzugehen und zu fühlen, was es mit sich bringt. Wir legten Ohnmacht auf den Seziertisch.

Ich bat sie, ganz tief in dieser Ohnmacht zu forschen, ob da noch etwas in ihr zu finden sei, was die Ohnmacht in ihr auslöste. Wir kamen dann auf die Verlustangst. Also Verlustangst lässt sie ohnmächtig werden. In Bezug auf die von ihr beschriebene Lebenssituation ist Verlustangst offensichtlich. Wir legten die Verlustangst auf den Tisch, suchten und zerschnibbelten alles Mögliche.

In der Verlustangst offenbarte sich dann das schreckliche Gefühl der Einsamkeit. Dann erzählte sie mir, dass ihre Eltern sie als Kind oft einfach ohne Worte bei ihrer Oma abgegeben hätten, um dann alleine in den Urlaub zu fahren. Sie erzählte mir, dass sie oft von ihren Eltern einfach in ein Zimmer gesperrt wurde, und das über ewige Zeiten. Sie wurde so lange allein gelassen, dass sie einmal aus Verzweiflung durch eine Glastür sprang, und wir reden hier von einem vier bis sechs Jahre alten kleinen Mädchen. Aber das alles sind jetzt auch wieder nur Geschichten.

Ich fragte: „Was fühlst du noch?"

„Es ist die Ohnmacht, nicht handeln zu können", erwiderte sie. Ich fragte sie, was das alles für Gefühle mit sich bringe.

Sie spürte lange nach und sagte dann: „Angst." Jetzt hatte ich es gefunden. Es war und ist immer die Angst, die den Menschen in den Wahnsinn treibt. Ich bat sie, diese Angst auf den Seziertisch zu legen, und fragte sie, ob sie mir sagen könne, wie intensiv sich diese Angst anfühle. Sie spürte nach und ließ mich wissen: „Es ist entsetzlich." Ich fragte: „Wie riecht die Angst?" Sie schaute mich etwas verwundert an, aber begann dann nachzufühlen. Sie sagte: „Es riecht nach Erbrochenem!"

Jetzt hatten wir die Angst isoliert von allen anderen Gefühlen und sie lag nackt in ihrer ganzen Ausprägung vor uns auf dem Seziertisch. Jetzt ging es darum, die Angst noch weiter zu isolieren und einen Raum des Verständnisses zu schaffen. Einen Raum, in dem erkannt werden kann, dass die Angst ein eigenes Wesen ist, das nichts mit ihr zu tun hat.

Ich fragte sie: „Was ist es für ein Gefühl, die Angst so zu sehen? So nackt auf dem Tisch liegend und nach Erbrochenem stinkend?" Sie meinte: „Es ist gut zu wissen, dass sie daliegt." Ich konnte spüren, dass sie erkannte, dass die Angst nicht sie selbst ist und dass sie etwas Fremdartiges in ihr war. Wie ein Fremdkörper, der dort nicht hingehörte.

Ich spürte auch, dass sie noch nicht wusste, was mit der Angst nun zu tun sei. Um alles noch ein wenig zu verstärken, fragte ich sie, ob sie sich vorstellen könne, ein bisschen von der Angst zu essen. Sie verneinte und meinte, sie bekäme keinen Bissen davon herunter, es sei einfach zu ekelig. Dadurch ließ ich sie wissen, wie ekelig die Angst sich in ihr angefühlt hatte. Dann gab ich ihr intuitiv ein Bild. Wir ließen die Angst auf dem Tisch liegen und schoben den Tisch mit der Angst in eine Art Kühlraum und verriegelten die Tür. Ich konnte deutlich fühlen, wie sie begann, die Angst als ein Ding zu betrachten. Etwas, das nicht zu ihr gehörte, und darum ging es jetzt.

Ich fragte sie dann: „Was wollen wir denn jetzt mit der Angst auf dem Tisch machen?" Sie lächelte mich an! Dadurch konnte ich erkennen, dass sie sich schon davon gelöst hatte und dass es ihr ein gutes Gefühl gab, zu wissen, dass die Angst in jenem Raum lag. Sie zuckte mit den Schultern. Ich machte den Vorschlag, wir könnten ganz viele wundervolle Blumen und wohlduftende Blüten in den Raum legen.

Die Angst selbst hat nur Interesse, weiterhin Angst zu schüren. Sie ist wie ein lebendiger Körper, der nicht bereit ist, selbstständig in Liebe zu denken oder zu fühlen. Sobald diese Kraft mit Formen der Liebe berührt wird, fängt diese an zu schreien, man möge doch damit aufhören. Dass die Angst zugibt, dass es auch noch schöne Dinge gibt und sie auch die Einsicht dazu hat, kommt niemals vor. Die Angst will alles, nur keine Schönheit und schon gar nicht die Vergebung zulassen, denn sonst würde sie sich ja auflösen. Liebe, Freude, Freiheit, Klarheit, Ehrlichkeit und Treue, das alles sind Ausdrücke des Lebens, die der Angst ein Gräuel sind.

Ich ließ Josie wissen, dass sie den Stecker der Angst jederzeit mit Händen der Liebe und der Vergebung ziehen kann, ohne einen elektrischen Stromschlag zu bekommen. Die Angst will das sicherlich nicht. Indem der Angst die Kraft durch Vergebung und Güte genommen wird, geht sie einfach ein. Wie eine Zecke, die man des Wirts beraubt, gibt es keine weitere Nahrung, die sie zu sich nehmen kann. Ich schlug vor, wir könnten den Raum mit Heiligenbildern, Bildern von Jesus Christus schmücken. Wir sollten immer und immer wieder frische, wohlduftende Blüten in diesen Raum bringen. Man konnte förmlich spüren, wie dem Klumpen „Angst", der nach Erbrochenem roch, es zuwider war, die Heiligkeit zu fühlen. Aber einmal so offenbart, bleibt der Angst kein Mittel mehr. Es ist dann wie bei dem Märchen Rumpelstilzchen, als die Prinzessin den Namen ausspricht und sich das Böse, nämlich das Rumpelstilzchen, auflöst.

Ich schlug vor, die Tür des Raumes, in dem das Üble lag, ein wenig aufzulassen. Ich wollte nicht von geschlossenen Räumen sprechen. Josie fragte mich, ob sie die Tür nicht auch schließen könne, dann wäre ihr wohler. Ich bejahte. „Du kannst die Tür auch verriegeln." Ich gab ihr zu verstehen, dass sie somit die Kontrolle über dieses Wesen bekomme. Sie könne zu jeder Zeit durch eine Klappe frische Blumen hineinwerfen oder den Raum mit Weihrauch ausräuchern. Ich sagte ihr: „Ganz gleich wie sehr dieser übelriechende Klumpen auch schreien mag, welche Argumente er jetzt auch anbringt, doch eine Lebensberechtigung zu haben – du entscheidest, was damit passiert."

Josie entschied sich für die verriegelte Tür, die Luke mit den frischen Blumen und dem Weihrauch. Ich fragte Josie, wie sie sich jetzt fühle. Sie spürte nach und meinte, es sei ein gutes Gefühl, die Angst erkannt zu haben. Erkannt zu haben, dass die Angst ein übles Wesen ist, welches sie in sich fühlen konnte. Sie war sich jetzt auch bewusst, dass sie nicht diese Angst ist. „Es ist ein Ding, das mir von einem Menschen oder mehreren Menschen gegeben und vermittelt worden ist. Das hat nichts mit meinem Herzen oder mit meiner Seele zu tun", sprach sie mit neu gewonnener Klarheit aus. Dann sagte ich zu ihr, dass wir jetzt einen weiteren Schritt gehen würden. Ich fragte sie, wer ihr wohl am meisten diese verletzenden Gefühle in diesem Leben vermittelt habe. Sie sagte sofort, dass es ihre Mutter gewesen sei.

„Also", sagte ich zu ihr. „Es ist schon interessant. Da ist eine Mutter, und die hat ein kleines Kind. Ein Kind mit großen Kulleraugen, groß wie ein Ozean. Einem so zarten Köpfchen und so kleinen Fingerchen. Ein Kind voller Unschuld!" Ich fragte Josie, ob sie schon mal ihre Lippen an den Flaum eines Kinderkopfes gehalten habe und ob sie den Duft von kleinen Kinderköpfen oder -füßen kenne. Josie ließ mich wissen, dass dieser zarte Duft ihr sehr bekannt sei. In dieser Phase des Gespräches ist es wichtig, dass der Klient die unbeschreibliche und liebevolle Ausstrahlung eines kleinen Kindes so intensiv wie möglich in sich aufnimmt. Dann traf ich folgende Aussage: „Da ist eine Mutter, und diese Mutter hat ein Kind. Und sie kann dieses kleine Geschöpf nicht so lieben, wie es sich das Herz und die Seele des Kindes das wünschen." – „Da ist eine Mutter, die einem kleinen Kind nicht die Liebe geben kann, deren dieses Kind dringend bedarf." Was für ein Drama! Eine Mutter und ein Vater haben ein Kind und beide sind nicht in der Lage, dem Kind die Liebe, das Selbstvertrauen, die Schönheit und Dankbarkeit zu vermitteln. Grundlagen, die für das Leben und für eine optimale Entfaltung wichtig und notwendig sind. Ganz im Gegenteil: Vater und Mutter bewerkstelligen genau das Gegenteil. Sie geben das Paket ihrer eigenen Lebensangst und Unwissenheit in brutaler Härte an ihre Kinder und Kindeskinder weiter. Sie überreichen ein Paket, welches tiefste Ängste im Herzen und der Seele eines kleinen Kindes hinterlässt.

...bis heute lehrt derMensch
den Menschenkindern...

Bild 32: Verletzende Worte und Gefühle zerstören das Vertrauen zum Leben

Ich bat Josie dann nachzufühlen, welches Gefühl ihre Mutter in ihr ausgelöst hatte. Ich bat sie ganz tief in diese Verletzung hineinzugehen. Ich fragte sie: „Wie tief bist du in deinem Herzen und deiner Seele getroffen?" – „Wie tief?" Josie war wirklich sehr mutig und sie war bereit, auf den Grund der Verletzung zu spüren. Sie ließ den Schmerz voll und ganz zu. Wie ich bereits erwähnte, befand ich mich zu dieser Zeit bereits tief im vergebenden Gebet.

Josie ging tief in sich hinein. Das war sehr bewegend und bedeutete für mich, dass die Seele eine Gelegenheit bekam, alles in Ruhe anzuschauen. Nachdem Josie tief nachfühlte, bat ich sie ihre Augen zu schließen. Dann fragte ich sie, was wohl der Grund dafür gewesen sein könnte, dass ihre Mutter sie bis in die tiefen ihrer Seele verletzt hatte. Josie überlegte und versuchte nachzuspüren.

Was bezwecke ich mit dieser Frage? Ich weiß, dass Menschen nur das geben können, was sie selbst erfahren haben. Hat ein Mensch Barmherzigkeit, Güte, Liebe, Wahrhaftigkeit, Ehrlichkeit, Glückseligkeit, Frieden, Freude, Dankbarkeit, Demut und mehr von den Tugenden in seinem Leben erfahren, so kann er das auch alles weitergeben. Wurden im Gegenteil unendlicher Schmerz und Leid erfahren, so kann nur dieses Paket weitergereicht werden.

...im zweiten Lebensjahr...

Bild 33: Verletzungen werden größer und das Vertrauen zum Leben schwindet noch mehr

„Also", fragte ich Josie, „welche Art hat deine Mutter wohl gefühlt? Sie spürte nach. Nach einer Weile zeigte sie auf den un-
sichtbaren Tisch mit der Angst, auf den dunklen Klumpen, der
nach Erbrochenem roch, und meinte: „Ich bin sicher, dass meine
Mutter genau das Gleiche gefühlt hat, wie das, was da auf dem
Tisch liegt."

Ich fragte sie, ob sie sich vorstellen könne, von wem ihre Mutter das wohl bekommen habe. Sie antwortete, ohne zu zögern:
„Von ihrer Mutter oder ihrem Vater."

Dann fragte ich Josie: „Wie alt wird deine Mutter wohl gewesen
sein, als sie dieses Paket der Angst erhalten hat?" Sie überlegte
kurz und antwortete: „So wie ich vielleicht, vier oder fünf Jahre."

Dann fragte ich sie, wie alt wohl der Großvater oder die Groß-
mutter war, als sie dieses Paket von ihren Eltern bekam. Sie erkannte, dass es von Generation zu Generation weitergegeben
wird und dass dieses meist im Kindesalter geschieht.

...bis zum 6. Lebensjahr...

*Bild 34: Dem Kind wird die Verbindung genommen. Alle Verbindungen
werden ausgelöscht, durch stetige Wiederholung von Angst und Leid*

Ich bat sie, darüber nachzudenken, wie lange das wohl schon so
geht. Wie lange schenken sich die Menschen Pakete von Angst
und Schrecken, von Schmerz und Leid, von Kränkungen und Ver-

letzungen, wie lange schon? Sie fand darauf keine Antwort, aber ihr war klar, dass es schon eine sehr lange Zeit sein müsse. Ehrlich gesagt, ich weiß auch nicht, seit wie vielen Generationen das schon so geht. Aber eines ist mir klar, es muss beendet werden. So fragte ich sie, ob sie nun bereit sei, die Verantwortung für diesen nach Erbrochenem riechenden Fleischklops zu übernehmen, der sie und ihre Eltern so gegeißelt und gepeinigt hat. Ich fragte, ob sie bereit sei, die Verantwortung dafür zu übernehmen, dass ihre Eltern und Ahnen, von Generation zu Generation, ohne zu wissen, was sie taten, diesen Klumpen der Angst von Leid und Elend weitergaben. Dafür die Verantwortung zu übernehmen, dass die Menschen etwas Negatives in sich fühlen, das sehr übel ist und mit dem sie nichts anfangen können. Es weitergeben und weiter erschaffen, aber nichts ändern wollen?

Sie nickte. Ich fragte sie, warum die Menschen das wohl so unbedacht weitergeben? Sie antwortete: „Den Menschen fehlt Liebe." Dann wollte ich von ihr wissen, welche Liebe fehlt. Sie erwiderte direkt: „Die Liebe der Menschen." Das war nicht die Antwort, die ich wollte. Ich wollte, dass sie erkennt, dass sich die Menschen nicht mehr an die Liebe Gottes erinnern. Das ist der einzige Grund, warum sie sich so unendlich verletzen. Die Menschen sind unwissend geworden, das ist alles.

„Sie wissen nicht, was sie tun", sie kennen nicht die Schönheit des Herzens, ihrer Seele, der großen Seelen, Christus und Gott selbst. Ich begann nun, den Weg der Vergebung vorzubereiten, indem ich sie bat, ihre Augen zu schließen.

Ich bat sie, sich ihre Mutter als ein kleines Mädchen vorzustellen. In einem Alter von vier bis fünf Jahren. Dieses kleine Mädchen hat ganz wundervolle, geflochtene Zöpfe, ein neues Kleid und schöne Schuhe an. Die großen Augen dieses Kindes betrachten die Welt voller Freude und Schönheit. Das kleine Mädchen ist vollkommen unschuldig, frei und es hat noch keine negativen Erfahrungen im Herzen davongetragen. Es trägt die neuen Schuhe und das wunderschöne Kleid wie eine Prinzessin. Es tanzt und singt dazu voller Freude. Es dreht sich wie ein kleiner Engel im Kreis und erfreut sich daran, wie sich das Kleid im Wind dreht. Immer wieder schaut es an sich herunter, die Arme ausgestreckt im Kreise drehend. Die Sonne scheint, es ist warm, sie kann die Wärme auf der Haut spüren und ein leichter Wind weht durch ihr Haar. Der Himmel scheint unendlich, strahlend blau. Das süße Mädchen bekommt einen Impuls, sie möchte einen Blumenstrauß für die Mutter pflücken. Sie geht mit einem Lächeln und reiner Freude auf die Blumenwiese neben dem Haus und beginnt eine Blume nach der anderen zu pflücken. Mit dem Herzen denkt sie bei jeder Blüte an ihre Mutter.

Eine Blüte findet ihre besondere Aufmerksamkeit. Auf dieser Blüte sitzt ein kleiner Schmetterling, der sich die Sonnenstrahlen auf seine kleinen Flügel scheinen lässt. Immer wieder klappt er die Flügel auf und zu, um den Genuss, den die Sonne bietet, voll auszukosten. „Diese Blüte soll in die Mitte meines wundervollen Straußes, sie ist die Königin von allen", denkt das kleine Mädchen. Voller Freude und von Liebe im Herzen getragen geht sie zu ihrer Mutter, um ihr den Blumenstrauß zu überreichen.

Die Mutter ist aber mit ganz anderen Dingen beschäftigt und kann dieser vielen Liebe nichts entgegenbringen. Ganz im Gegenteil, diese unberührte Liebe ihres Kindes, diese bedingungslose Liebe des Lebens, erinnert die Mutter unbewusst an ihre eigenen tiefen, nicht auszuhaltenden, erfahrenen Schmerz. An die nicht erfahrene Liebe. In diesem Augenblick dreht sich die Mutter verachtend um und gibt dem Kind zu verstehen, was es von ihm hält. Es überreicht ihm den ganzen Schmerz der Angst. Vielleicht ist es nur ein Satz wie: „Du bist auch zu nichts zu gebrauchen, anstatt blöde Blumen zu pflücken solltest du mir beim Aufräumen helfen."

Josie hielt noch immer ihre Augen geschlossen, und ich bat sie jetzt, nochmals das Gefühl zu fühlen, mit welchem ihre Mutter sie einst so sehr verletzte. Sie möge sich jetzt vorstellen, wie dieses kleine Kind vor ihr dieses Paket an unkontrollierter, emotionaler Ladung abbekommt. „Du stehst als stiller Beobachter daneben", sagte ich weiter, „und du beobachtest das ganze Geschehen." Das kleine Kind bekommt eine so gewaltige Ladung des menschlichen Leides auf die Seele und auf das kleine Herzchen gedrückt, dass dem kleinen Mädchen der Blumenstrauß aus der Hand gleitet. Die Mutter dreht sich ohne ein weiteres Wort um und lässt das kleine Mädchen mit diesen Worten der Verachtung zurück. Zurück bleibt ein Kind. Den Atem im Halse erstickt, steht es da. Tief getroffen bis ins Mark der Seele und des Herzens, füllen sich die Augen langsam mit Tränen. „Kannst du fühlen, wie sich alles zuschnürt?", fragte ich Josie. Sie nickte. Tränen sammeln sich und laufen langsam über die Wange des Kindes, um dann in dicken Tropfen auf den Boden zu fallen. Große Tränen suchen sich ihren Weg, eine nach der anderen.

Bild 35: Unkontrollierte emotionale Ladungen von Schmerz und Leid

„Kannst du fühlen, wie tief getroffen das kleine Kind ist?" Jetzt begannen auch bei Josie die Tränen zu laufen.

Ich erzählte weiter: „Sprachlos steht das kleine Kind da. Plötzlich bemerkt das Mädchen dich und dreht sich zu dir um. Es hebt seinen kleinen Kopf und schaut dir mit tränenverweinten Augen direkt in deine Augen. Ich fragte Josie dann: „Was willst du denn mit dem Kind jetzt machen? Kannst du dir vorstellen, es in den Arm zu nehmen und es zu trösten?"

„Ja", antwortete Josie, „das möchte ich machen." Ich bat Josie, das dann im Geiste zu tun. Ich bat sie, dem kleinen Kind ihren ganzen Trost zu schenken. Sie möge dem kleinen Mädchen sagen, dass es ihr so unendlich leidtut, dass die Kleine so viel Härte in diesem Augenblick und in vielen folgenden Momenten erfahren musste. Josie ließ das Mädchen wissen, dass sie sehr wohl verstanden hat, warum dieses kleine Mädchen, dann im Alter ebenso, immer und immer wieder mit dieser Härte handelte. Josie verstand, dass sie kein Leben voller Kraft und Selbstsicherheit leben konnte, nach so einem Hieb direkt ins Herz.

Ich bat sie dann, meine Worte nachzusprechen.

Lieber Gott, Vater im Himmel, danke für deine Liebe, deine Kraft und deine Weisheit. Ich bitte um Vergebung. Ich bitte um Verzeihung. Ich bitte dich, Gott, Vater im Himmel, um Vergebung. Ich bitte um Vergebung für diesen erfahrenen Schmerz. Ich bitte um Vergebung für meinen Vater, meine Mutter, für den Opa, für alle meine Ahnen, die das Üble erfahren haben. Ich bitte um Vergebung dafür, dass sie dich nicht geliebt haben, lieber Gott. Ich bitte um Vergebung dafür, dass sie nicht sehen konnten, was mit ihnen geschah. Ich vergebe euch allen, denn ihr wusstet nicht, was ihr tatet.

Ich bitte um Vergebung für alle negativen Verstrickungen, die sich seit Generationen daraus entwickelt haben. Ich vergebe auch mir selbst für meine Fehler. Ich vergebe mir, dass ich aus Unwissenheit Angst und Schrecken weitergegeben habe.

Ich vergebe mir selbst, geglaubt zu haben, dass diese Angst ein Teil meiner Seele sei. Ich bitte dafür um Vergebung!

Lieber Gott, ich bitte dich von ganzem Herzen um deine Liebe, deine Kraft und deine Weisheit. Ich übernehme jetzt die Verantwortung und bringe alles in den Frieden. Ich liebe dich, lieber Gott, von ganzem Herzen, mit meinem ganzen Denken und Fühlen und aus der tiefsten Tiefe meiner Seele. Du bist alles, was ich will, du bist alles, was ich will, du bist alles, was ich will. Danke.

Josie atmete tief durch. Ich bat sie, ihre Augen zu öffnen. Sie schaute mich mit einem Lächeln an. „Wow, war das kraftvoll", war ihre erste Reaktion. Sie konnte die Heilung des vergebenden Gebetes deutlich in sich fühlen. Dann fragte sie mich noch, was sie machen solle, wenn die Aggression wiederkommt. Ich zeigte auf den Tisch mit der Angst und sagte ihr, sie müsse sich gedanklich und mit aller Macht, mit liebvollen, zärtlichen Gedanken dagegenstemmen. Dem Üblen immer wieder vergeben, mit ihm sprechen und ihm erklären, dass es jetzt reicht, dass sie sich für die Liebe und das brennende Feuer des Herzens entschieden habe. Und somit möchte ich nochmals die Worte von Jesus Christus anführen, die er am Kreuz zu seinem geliebten Vater sprach.

„Vater vergib ihnen, denn sie wissen nicht, was sie tun." Luk, 23:34

Wir sollten dem größten Meister der Vergebung einfach folgen und vergeben so viel wie nur möglich, damit wir wieder beginnen können zu leben.

Bild 36: In der Liebe leben

6
Du kannst das Leben nicht belügen

Die vollkommene Liebe wird uns nicht auf einmal zuteil,
weil wir nicht alles auf einmal hergeben.

Teresa von Avila[8], 1515–1582

Ich begriff ziemlich schnell, dass der Weg ins Herz absolute Ehrlichkeit erfordert. Ehrlichkeit im Besonderen zu sich selbst. Immer tiefer in die unendlichen Tiefen des Herzens und der Seele einzutauchen bedeutet auch, alles, was nicht golden glänzt, auf diesem Wege hinter sich zu lassen. Das ist einer der Gründe, der es uns so schwermacht, loszulassen, ehrlich zu sich selbst zu sein. Es gilt so viel Angst preiszugeben wie irgendwie möglich. Die Liebe trägt uns, darauf können wir vertrauen.

Aber hergeben sollten wir am Ende schon alles. Ich empfinde es als einen großen Segen, Stück für Stück auf meinem Wege zu wachsen, die Liebe und die Nächstenliebe mehr und mehr entfalten zu können. Mir geht es dabei oft nicht schnell genug, aber alles folgt immer dem richtigen Tempo, denn: „Der Weg ist das Ziel und das Ziel ist Gott." Welch wundervolle Erkenntnis!

Aber glaube nicht, du kannst dich und dein Denken und Fühlen verstecken. Die Liebe sieht alles und das ist mit großer Sicherheit genau der Umstand, der es dem Menschen so schwermacht. Es ist der Umstand, zu erfahren und bereit zu sein, zu akzeptieren, dass die Liebe so zart, so sanft, so direkt und ehrlich ist, dass es im Herzen brennt. Es sollte der tiefste Wunsch der Seele und des Herzens sein, dieses Brennen, das Feuer der Liebe im Innersten, wieder zu entfachen. So bedarf es deiner Bereitwilligkeit, dich auf

---

[8] Teresa von Avila, www.aphorismen.de

dem Urgrund deines Selbst von dieser zärtlichen, allmächtigen und barmherzigen Liebe tief, ganz tief, berühren zu lassen.

Wohin sich mein Geist auch drehen mag und wenden, ich finde nur Barmherzigkeit. Teresa von Avila, 1515–1582

Du kannst dich selbst belügen, aber nicht das Leben. Gott ist die Barmherzigkeit selbst. Sei offen und habe Vertrauen, dass Gott dich liebt. Die folgende kleine Geschichte soll veranschaulichen, wie es mir selbst dabei gegangen ist, als ich bemerkte, dass ich mich vor Gott, dem Leben, nicht verstecken kann:

Es gab eine Zeit, in der ich abends nach der Arbeit nach Hause kam, meine Familie kurz begrüßte, um mich dann direkt in das kleine Bad zurückzuziehen. Es war mir ein so tiefes Bedürfnis, diese kurzen Augenblicke des Tages zu nutzen, um mit mir selber ins Gericht zu gehen. Ich möchte es als die Phase bezeichnen, in der ich mir bewusst wurde, dass ich meine Gedanken nicht alleine denke. Es wurde mir klar, dass alles, was ich denke und fühle, von jedem und von allen gelesen werden konnte. Ich meine das wirklich so. Selbstverständlich gibt es zurzeit nur sehr wenige Menschen, die dazu tatsächlich in der Lage wären, aber es gibt sie. Ich habe zumindest eine Person kennengerlernt, bei der ich diese Erfahrung selbst bewusst gemacht habe. Bei der von mir gemachten Erfahrung ging es nicht um einen Menschen, von dem ich mich beobachtet fühlte.

Nun saß ich da in meinem Badezimmer, und ich erkannte plötzlich, dass alle meine Gedanken sichtbar waren. Es war so ein sonderbares Gefühl, als würde mich tatsächlich etwas beobachten. Ich wurde mir einer so bedeutsamen Kraft gewahr, von der ich wünschte, sie würde nicht auf den Urgrund meiner Seele schauen. Mir wurden mit einem Mal viele meiner Verfehlungen bewusst, ich fühlte mich eingeengt und fast ein wenig bedrängt. Obwohl von Bedrängung keine Rede sein konnte, ich weiß aber nicht, wie ich es besser beschreiben kann. Es war ein Erkennen. Ich erkannte eine so unbegreifliche Güte um mich herum. Ich saß auf dem Boden, hielt meine Augen geschlossen und überlegte, wie ich mich vor diesen gütigen Blicken verstecken könnte, wollte ich doch nicht, dass mich dieses gütige Wesen anschaute.

Du musst dir das wirklich einmal vorstellen, wie naiv ich dasaß, ein erwachsener junger Mann beginnt Göttlichkeit wahrzunehmen und hat nur einen Wunsch – nicht erkannt zu werden. Ich fühlte mich wirklich unbehaglich, mit all meinen dunklen Flecken der Angst.

Stell dir vor, plötzlich sind deine intimsten Geheimnisse nicht mehr geheim, und du weißt, dass du beobachtet wirst. In mir kam der Gedanke auf, ich könnte mich doch hinter der Erde verstecken. Ich sah die Erde vor meinem inneren Auge und schnell wurde mir klar, dass das kein gutes Versteck wäre. Ich meine, wie leicht konnte man mich hier finden. Hinter der Erde – wie einfallslos! Für den alles durchdringenden Blick der Barmherzigkeit selbst bot die Erde kein gutes Versteck. Aber wohin nur? Dann fiel mir die Sonne ein, entfernte Sterne oder irgendwo in den Tiefen der Galaxie. Ein Gedanke folgte dem anderen und alles lief wie ein Film vor meinem inneren Auge ab. Bis zu dem Augenblick, in dem mir bewusst wurde, dass es keine Möglichkeit gab, mich zu verstecken. Nirgendwo im gesamten Kosmos weder außerhalb noch innerhalb konnte ich seinen barmherzigen Blicken entfliehen. Sein zärtlicher Blick ruht ewiglich auf mir.

Irgendwie fühlte ich mich plötzlich nackt; seelisch, gedanklich und emotional vollkommen nackt. Es war ein so irrationales Gefühl und dennoch sehr erleichternd, denn plötzlich erkannte ich: „Ich brauche mich nicht zu verstecken." Es reicht, wenn ich mich einfach in die Hände Gottes fallen lasse. Zuzugeben, dass ich all dieses Üble, vor dem ich Angst hatte, es könne entdeckt werden, all die Jahre versuchte zu verstecken. Ich hatte im Wohnzimmer eine Falltür eingebaut, die Angst dort hineingesteckt und einen Teppich darübergelegt. Ich hatte Angst vor der Angst. Ich war so erleichtert, jetzt nichts mehr verbergen zu müssen, zuzugeben, dass die Angst da war und ich so lange an sie geglaubt hatte. Die Erleichterung überkam mich mit einer so großen Freude, es war so, als könnte ich endlich alle Last hinwerfen. Ich konnte den Gedanken aufgeben, etwas geheim halten zu müssen. Ich war bereit, mein Denken zu offenbaren. Ab diesem Moment wollte ich, dass Gott all meine Gedanken sieht. Ich wollte, dass er in mich hineinschaut bis auf den Grund meiner Seele. Was für eine Befreiung, endlich ehrlich zu sein. Ich konnte mich jetzt dem Leben öffnen. Ich war bereit, seine so große Milde und Güte in mich eindringen zu lassen.

Tränen der tiefen Berührung, des inneren Trostes liefen an diesem Abend in Sturzbächen zu Boden. Kleine Kinder halten sich die Hände vor das Gesicht, fest im Glauben, nicht gesehen zu werden, und doch kann jeder sie sehen. Was für ein fataler und doch wundervoller Irrtum.

Ich erkannte, dass ich mich vor jedem und allem verstecken könnte, aber doch nicht vor den treuen Blicken desjenigen, der mich von allen am allermeisten liebt.

Vielleicht geschah das genau aus diesem Grunde, denn in meinem Herzen war seit Monaten eine so große Sehnsucht. Meine Seele fühlte diese Liebe so deutlich und ich wollte endlich Klarheit. Ich fiel auf die Knie und weinte bitterlich darüber, weil ich erkennen musste, dass ich das größte Geheimnis, welches ich in meinem Herzen trug, versuchte zu verbergen: Meine tiefe sehnsüchtige Liebe zu Gott selbst.

Wie paradox ist das eigentlich? Ich versuchte, mein Heiligstes genau vor dem Wesen zu verbergen, welches mir eben diese Erkenntnis geschenkt hatte. Ich weiß nicht mehr, wie lange ich in dem Bad saß, aber es waren sicherlich zwei Stunden. Der Vorteil an diesem Ort ist, dass man sich nicht erklären muss. Es reicht ein „Es dauert noch eine Weile" und es gibt kein größeres Nachfragen. Somit konnte ich mir die Zeit nehmen, diese Erkenntnis in mir zu verdauen.

Heute kommt es mir fast kindisch vor, zu glauben, dass meine Gedanken geheim sind und dass nur ich sie selbst, alleine wahrnehmen, denken und fühlen kann. Dass ich wahrlich glaubte, ich könnte mein Denken und Fühlen verstecken. Wie absurd mir das plötzlich alles erscheint!

Ich will mich nicht mehr vor Gott verstecken. Ganz im Gegenteil, in tiefen Gebeten bitte ich ihn, auf den Grund meiner Seele zu schauen, damit ich seinen Willen tun, seine Gedanken denken kann. Ich will ihm folgen tief in meinem Herzen. Ab diesem Zeitpunkt, als ich das verstand, hatte ich nur einen Wunsch, dass Gott an meinem Denken Freude hat. So bin ich und war ich nur noch darauf bedacht, liebende, verzeihende und gutherzige Gedanken zu denken, für mich selbst und auch für meine Mitmenschen. Ich achte genauestens darauf, was ich gegenüber anderen Menschen für Gedanken hege. Im Besonderen beobachte ich meine Gedanken mir selbst gegenüber. Ich beobachte mein Denken und Fühlen sehr aufmerksam. Jeder Gedanke, der nicht Frieden ist, wird von mir mit fester Konzentration isoliert und in Quarantäne gesteckt. Sofort bitte ich dann um Vergebung oder vergebe mir selbst.

In mir kam die Frage auf, ob es nicht auch meine Pflicht sei, Gott mit liebenden und lebensbejahenden Gedanken zu beschenken? Gedanken mit wohlduftendem Geruch, wie es nur Freundlichkeit, Dankbarkeit, Güte, Herzlichkeit, Wertschätzung, Humor und viele andere dieser so positiven Eigenschaften hinterlassen können. Einzig das ist mein Ziel: Ich möchte, dass Gott an meinem Denken und an meinem Duft Freude hat.

Um ehrlich zu sein, ich fühlte mich zu Beginn der darauffolgenden Zeit oft wirklich ausgezogen und nackt. So war es auch für mich eine der wichtigsten Erkenntnisse, die mir half, mich nicht mehr selbst belügen zu müssen – zu wissen, dass ich beobachtet werde. Jetzt weiß ich, dass ich mir nichts mehr wünsche, als dass

Gott und alle Heiligen meine Gedanken sehen können und dass ihnen bei dem Anblick meiner Gedanken warm im Herzen wird.

Da sprach er zu ihnen allen: Wer mir folgen will, der verleugne sich selbst und nehme sein Kreuz auf sich täglich und folge mir nach.

Lukas 9,23

Genau das ist es, das ich verleugne – verleugnen im Sinne von erkennen und verändern –, nicht länger das Negative in mir zu akzeptieren. Dafür kreuzige ich mich jeden Tag selbst, indem ich alles Üble zu Kreuze trage, vor Gottes Heiligkeit offenbare.

Nur so kann ich mir selbst garantieren, mich nicht zu belügen. Ich bitte Gott ganz oft am Tag darum, er möge bis auf den Urgrund meiner Seele und meines Herzens schauen, damit ihm nichts verborgen bleibt. Ich bitte ihn auch darum, er möge mir den Mut und die Kraft geben, das zu erkennen, was es zu erkennen gilt. Aber vor allem bitte ich um Vergebung für all das dunkle Denken und Fühlen in mir.

Dann vergebe ich mir und bitte Gott um seine Vergebung, seine Liebe und um seine Kraft. Ich kann mit Worten nicht beschreiben, wie sehr sich mein Leben verändert hat und wie wundervoll es ist, in diesem tiefen Wissen der Ehrlichkeit gegenüber dem Leben zu sein. Gott vergibt uns jeden Tag unser Denken und Fühlen in dem Maße, wie wir vergeben. Jeder Mensch sollte sich bewusst machen, dass seine Gedanken sichtbar sind. Vielleicht hilft das automatisch, besonnener zu denken.

Ich habe mal gelesen, dass der Mensch während des Todes die Möglichkeit bekommt, auf alle Situationen des Lebens zurückzublicken, um zu erkennen, wie er wann und wo gehandelt hat, und ob es nicht auch eine Möglichkeit gegeben hätte, sich anders zu verhalten. So habe ich mir oft in Momenten negativer Gedanken vorgestellt, ich würde diese Situation jetzt aus dem Himmel betrachten. Ich erkannte dann schnell, dass mir so manche Situation missfiel. Ich stellte mir dann die Situation so vor, wie ich sie aus dem Himmel am liebsten sehen würde, und dementsprechend handelte ich dann auch. Es hat mir oft geholfen, eine Situation gedanklich schnell zu verändern.

Sobald der Mensch die vielen kleinen Lügen und Schummeleien aufgibt, kommt sofort die Erleichterung. Die Menschen haben es nicht anders gelernt. Überall wird gelogen, betrogen und verletzt. Diese Konditionierung, die wir von Kindesbeinen an lernten, wird uns täglich auch über die Medien bewusstgemacht. Mord, Gier, Hass und vieles mehr sind ein Teil unseres Lebens. Mag sein, dass dem so ist, aber du bist es, der diesen Irrtum aufheben kann. Indem du dein Denken und dein Fühlen änderst. Indem du erkennst, dass es die einzige, ewig liebende Kraft ist, die allem innewohnt. Die Kraft, die Rosen in den Herzen der Menschen zum Blühen bringt.

Ist es nicht der Duft der Rose, der die Sinne so liebevoll einhüllt? Das Riechen an einer stark duftenden Rose ist wie eine kleine Betäubung für den Verstand.

Es ist eine sanfte Berührung des Herzens. Ist es nicht das Wunder der Natur selbst, welches dich immer und immer wieder ins Staunen versetzt? Erlaube doch dem Baumeister der Natur, auch in deinem Herzen die Rose zum Erblühen zu bringen.

Erlaube doch dem Baumeister aller Düfte, den Duft in deinem Herzen zu entfachen, einen Duft, der wohl und heilsam riecht, damit du wieder leben kannst. Vielleicht willst du dann auch diesen Duft der Freude einzig und alleine mit dem Gedanken versprühen, Gott Freude zu bereiten. Als ich begann, all diese Dinge, von denen ich schreibe, zu praktizieren, da begann ich wahrlich zu erkennen, dass es keine Notwendigkeit gibt, sich zu verstecken, zu lügen oder sonst etwas in dieser Richtung zu tun. Für mich geht es einzig darum, wie viel Liebe ich geben kann und wie sehr ich dafür bereit bin zu leiden. Leiden in dem Sinne, dass ich Opfer bringe. Das Opfer der Vergebung. Ist es nicht die Vergebung selbst, die ein großes Opfer vom Menschen fordert? Es ist das Opfer, den Mut zu besitzen, trotz einer gemachten Verletzung zu vergeben. Nochmals diese tiefen Verletzungen in sich zu spüren. Verletzungen, die jetzt mit allen Mitteln Gerechtigkeit fordern. Es tut richtig weh, es schmerzt. Diesem Gefühl der Verletztheit jetzt zu widerstehen und darüber hinauszugehen, ohne Wenn und Aber, auch wenn es noch so wehtut. Vielleicht mit den Worten:

„Es tut mir leid, bitte verzeihe mir, ich vergebe dir!" Das ist wahre Opferbereitschaft, dann opferst du dich für die Liebe.

Vergebung ist Heiligkeit,

Vergebung hält das Universum zusammen,

Vergebung ist die Macht der Mächtigen,

Vergebung ist Opfer,

Vergebung ist Ruhe des Geistes,

Vergebung und Sanftmut sind Eigenschaften derer, die Selbstbeherrschung üben. Sie stellen die ewige Tugend dar.

Mahabharata[9]

Ich wünsche mir so sehr, dass du verstehst, dass es in diesem Leben um dich geht. Einzig und alleine um dich. Es geht nicht um deinen Vater, deine Mutter, deinen Bruder, deine Schwester, deine Tante oder Onkel, deinen Nachbarn oder Kollegen, es geht auch nicht um deine Kinder oder Enkelkinder. Es geht einzig und alleine um dich, um das Entdecken deines Herzens und deiner Seele, damit du mit Klarheit in Freiheit und Frieden leben kannst.

Gebet:

„Bitte, lieber Vater im Himmel, schau du auf den Grund meiner Seele und schenk mir die Kraft und den Mut, mich dir zu offenba-

---

[9] Mahabarata, 3. Kapitel 29

ren, dir mutig entgegenzutreten, damit der Duft meines Herzens dich erfreut."

Richtig beten

Für jene, die alleine mich zum Ziele haben und ausschließlich an mich nur denken, die mich verehren und sich mir ganz hingeben, trage ich die Bürde ihres Wohlergehens. Bhagavad Gita 9-22

Richtig beten, was bedeutet das für mich? Gott ist die absolute All-Liebe: Frieden, Sanftheit und Stille, einfach schön. Absolute Vollkommenheit und fühlbarer Frieden im Herzen. Es ist ganz einfach: Alles, was nicht Liebe ist, kann nicht Gott, also Vollkommenheit, sein. Alle negativen Gedanken und Gefühle, alle negativen, destruktiven Verhaltensweisen, jede noch so kleine Reizbarkeit, die nicht Frieden ist, hindert mich daran, Frieden, die Vollkommenheit im Herzen zu fühlen. Die Stimme in meinem Herzen, dieses so wundervolle Gefühl von unendlicher Geborgenheit und Güte wird durch negatives Denken und Fühlen zum Verstummen gebracht, das kann nicht Liebe sein. So geht es mir ausschließlich um die Vollkommenheit in meinem Herzen. Es geht mir nicht darum, meine Probleme zu lösen, auch wenn ich anfänglich glaubte, dass es so sei.

Mir wurde klar, dass das auch nicht der Zweck der Vergebung ist. Bei der Vergebung geht es auch nicht um Wohlstand oder Gesundheit, zumindest nicht vorrangig. Es geht einzig und alleine um die Verbindung zu Gott, zu deinem Herzen und deiner Seele. Somit ist die Vergebung ein Gebet! Es ist der tiefe Wunsch, alte Verletzungen, die aus Unwissenheit begangen wurden, wieder in Frieden zu bringen. Erst dann, wenn du Gott wirklich an die erste Stelle in deinem Leben setzt, dann verändert sich etwas, dann kann Heilung geschehen, dann erweitert sich dein Herz. Es wird sanft geläutert, um die wahren Geschenke Gottes zu empfangen – seinen Frieden, Gesundheit und Wohlstand. Dazu wurde uns das

Geschenk der Vergebung gegeben. Vergebung ist ein Gebet, damit Gott uns wieder vergeben kann.

Bruno Gröning hat einmal gesagt: „Gott ist die 1 und ganz gleich wie groß die Zahl auch wird, ob es die 10, die 100, die 1.000, die 10.000, die 100.000, die 1.000.000, die 10.000.000 oder 100.000.000 ist, der Mensch macht die Nullen hinter der eins aus. Somit sind wundervoll große Zahlen möglich, doch was passiert, wenn du Gott – die 1 – vorne wegnimmst, was bleibt dann übrig? Was ist der Mensch ohne die Eins???

NICHTS, es bleibt einfach nichts, außer einer Null.

Der Mensch ist nichts ohne Gott, es bedarf schon eines großen Maßes an Demut, um zu verstehen, dass es so ist. Der Mensch überschätzt sich zu sehr.

Der Mensch denkt: Ich mache dies, ich mache jenes, ich kann dies, ich kann das ...!

Alles, was du kannst, hast du der Eins zu verdanken, „Seiner" Liebe und Barmherzigkeit, dich auf Erden wandeln zu lassen, um dein Herz wieder zu finden. Bist du, mit deiner Persönlichkeit, wirklich in der Lage, die Stimme deines Herzens zu offenbaren? Oder ist ER es, der deine Stimme mit seinem sanften Flüstern anleitet? Derjenige, der deinem Herzen die Sehnsucht schenkt, den Weg anzutreten – einen Weg zurück zum Frieden, zur Sanftmut, zur Liebe und Wertschätzung.

Was hat das alles mit dem richtigen Beten zu tun? Das möchte ich gerne erklären. Die Menschen beten:

Hilfe, Gott, bitte hilf mir, dass ich dies oder das erreiche ...!
Lieber Gott, bitte mach, dass mein Onkel Peter ...!
Lieber Gott, ich weiß nicht mehr weiter, bitte ...!
Hilf mir wegen meines Hühnerauges ...!
Lieber Gott, ich brauche diesen neuen Job ...!
Jetzt bete ich schon so lange und nichts passiert ...!

Ich habe festgestellt, dass das nicht der richtige Weg ist, seine Gebete an Gott, an das Leben, auf diese Weise zu richten. Es ist doch ganz einfach. Wir haben uns von Gott entfernt, wir haben unser Zuhause verlassen. Wir haben die Tür zugeschlagen und haben uns auf die Reise gemacht. Ist das schlimm? Nein, es ist o.k.

Es ist nun mal so. Es ist wie mit dem jungen Menschen, der sein Elternhaus verlässt, um auf eigenen Beinen zu stehen, der seine Erfahrungen machen will. In diesem Moment möchte er nichts von seinen Eltern wissen, denn er glaubt, alles alleine machen zu können. Er will keinen väterlichen oder mütterlichen Rat. „Lass mich in Ruhe, ich gehe jetzt meinen eigenen Weg." Irgendwann kommt er an einen Punkt, an dem ihm einfällt: „Ach, was habe ich nur die ganze Zeit gemacht? Was ist mit meinem Vater, meiner Mutter? Ich habe sie vergessen, ich war nur darauf bedacht, alles auszuprobieren, ohne Rücksicht. Jetzt schäme ich mich, dass ich mich nicht um meinen Vater, meine Mutter gekümmert habe. Ich habe in den letzten 20 Jahren nicht einmal angerufen, so sehr war ich beschäftigt. Wie kann ich nur zurück?"

Hier beginnt die Reue, das Nachdenken, das In-sich-Kehren. Ich habe festgestellt, dass auch ich bereuen muss, dass ich um Gott werben muss. Ich habe tief in meinem Herzen begriffen, dass ich meine Gebete in solch tiefer Hingabe und Liebe sprechen muss, dass er gar nicht umhinkann, als auf mich zu schauen. Ich muss es schaffen, mit meinen Gebeten seine Aufmerksamkeit auf mich zu lenken. Symbolisch gesehen muss ein Gebet so zärtlich, sanft, mild und voller Hingabe sein, dass es ihm das Herz zerreißt. Er muss erkennen, dass du ihm dein Herz anbietest, nicht umgekehrt. Bete wie ein kleines Kind. Kann denn der Vater seinem Kind einen Wunsch abschlagen, wenn er aus dem Herzen kommt? Stell dir mal Folgendes vor:

Es ist Sommer. Ein wundervoller Sommernachmittag, so um die 27 Grad. Der Himmel ist strahlend blau. Du stehst vor einer Eisdiele und möchtest dir ein Eis kaufen. Du überlegst gerade, welche

Sorten Eis du denn so gerne hättest. Während du noch darüber nachsinnst, beginnen deine Geschmacksnerven aktiv zu werden. Die Vorfreude auf das leckere Eis, welches du gleich in deinen Händen halten wirst, ist groß. Du lässt deine Lieblingssorten Eis an deinem geistigen Auge vorüberziehen und genau in diesem Augenblick zieht etwas an deinem Hemdzipfel oder Rock. Du schaust nach unten und voller Verwunderung blickst du in die tiefen, großen, offenen Augen eines kleinen Kindes im Alter von drei oder vier Jahren. Es muss seinen Kopf ganz zurücklehnen, um dir in die Augen schauen zu können. Einen kurzen Augenblick lang treffen sich eure Blicke ganz tief und verlieren sich im Ozean der Ehrlichkeit. Du blickst in ein Kindergesicht, das ein bereits gegessenes Schokoladeneis um den Mund herum verrät. Dann stellt das Kind eine Frage: „Duuuu, kaufst du mir ein Eis?" Diese Frage ist fast wie ein kleiner Schock. Sie zieht dich heraus aus dem Moment des tiefen Blickes, den du in die Seele des kleinen Herzens geworfen hast. Einen Blick, den dir das kleine Kind so entwaffnend anbietet. Innerhalb von Bruchteilen von Sekunden finden unvorstellbar viele Abwägungen in deinem Kopf und in deinem Herzen statt.

Verstand: Wieso soll ich dem Kind ein Eis kaufen?
Herz: Mein Gott, ist das Kind süß.
Verstand: Hat das keine Eltern?
Herz: Oh Gott, schau nur, was für ein Engel!
Verstand: Was macht das Kind hier alleine?
Herz: Ach, die großen Augen!
Verstand: Unmöglich, einfach so zu betteln.
Herz: Diese Unschuld, wie berührend!
Verstand: Wenn alle so wären, schlimm!
Herz: Ich liebe dich, Gott, danke!

Während du in deinen Sekundenprozess vertieft bist, ist es geradezu so, als würde der kleine süße Engel seine Augen noch mehr vergrößern und der Blick noch tiefer in deine Seele eindringen. Es fragt: „Nur eine Kugel? Ach bitte!" In diesem Moment wirst du in deinen Grundfesten erschüttert. Vielleicht ist dein Verstand sehr aktiv und du antwortest: „Wieso sollte ich dir ein Eis kaufen?" In diesem Augenblick schlägt das kleine Kind die Augenlieder zwei- bis dreimal ganz langsam auf und nieder und schaut dich noch immer voller entwaffnender Liebe an und antwortet: „Weil es mir so lecker schmeckt. Kaufst du mir eins?"

Spätestens jetzt sollte dein Herz aktiviert sein und du antwortest mit einem resignierenden Lächeln: „O. k.! Wie viele Kugeln möchtest du denn? Mit oder ohne Sahne?"

Was machen Kinder? Sie appellieren an unser Herz. Kinder sind noch so unschuldig. Wir können Kindern fast keinen Wunsch abschlagen. Jedes Mal, wenn wir nein sagen, schmerzt es in der Brust. Zumindest ging und geht es mir bei meinen Kindern immer so. Ebenso, wie ein Kind es vermag, einen Erwachsenen in die Knie zu zwingen, nur durch die tiefe Unschuld des Herzens, so müssen wir ebenso das Herz Gottes erobern. Ich möchte fast sagen, wir müssen Gott in die Knie zwingen, dass auch er uns mit seiner ganzen Güte bereichert. In dem Sinne, dass wir mit unseren liebevollen und herzzerreißenden Gebeten und Hinwendungen an ihn, sein tiefstes Mitgefühl für uns erwecken und so seine Aufmerksamkeit auf uns lenken. Erinnere dich doch mal daran, als du so zwischen 13 und 16 Jahre alt warst. Da gab es die heimliche Liebe. Er oder sie war so schön und so wundervoll. Es war diese Art, wie er/sie ging, es war diese Art, wie er/sie sich bewegte, wie er/sie sein/ihr Haar mit den Händen durchkämmte. Es war ihr/sein Duft. Ihr/sein Lächeln. Die Augen, ach die Augen, wie schön. Jeder Gedanke an sie/ihn erhöhte deinen Pulsschlag. Deine heimliche Liebe.

Jetzt überleg mal, was du alles angestellt hast, um die Aufmerksamkeit deiner heimlichen Liebe zu erhalten. Vielleicht hast du dir einen hübschen Rock angezogen, deine Nägel lackiert. Bist in die

Muskelbude gegangen, um deinen Körper zu stählern. Zufällig bist du den gleichen Weg gegangen wie sie/er, obwohl es ein riesiger Umweg war. Auf dem Schulhof hast du ihn/sie nicht aus den Augen verloren. Du hast alles darangesetzt, um in der Nähe zu sein. Ganz gleich, ob er oder sie auf deine Bemühungen eingegangen ist, das war im Moment nicht wichtig.

Ich habe eine Geschichte gehört. Da ist ein junges Mädchen in Berlin in den Bus eingestiegen, in dem ihre große Liebe saß. Sie hatte nicht den Mut, ihn anzusprechen, sie himmelte ihre heimliche Liebe so sehr an, dass sie mit einem Bus fuhr, in dem auch ihr Auserwählter fuhr. Sie wusste, dass er mit dieser Linie nach Hause fahren würde, und obwohl sie überhaupt nicht in diese Richtung fahren musste, nahm sie diesen Bus und fuhr eine halbe Stunde in eine vollkommen andere Richtung. Erinnere dich mal ganz genau daran, welche Anstrengungen du so unternommen hast, um deiner ersten Liebe zu gefallen. Was hast du alles gemacht, um das Herz deines/er Geliebten zu berühren?

Wenn du Gott oder das Leben als deinen heimlichen Geliebten betrachtest und auf diese Weise versuchst, sein Herz zu erobern, wirst du Erfolg haben. Ein wichtiger und wesentlicher Punkt sei an dieser Stelle noch erwähnt. Es muss dir ganz gleich sein, wie lange es dauert. Ganz gleich, ob du ihn in diesem Leben, in deinem nächsten Leben oder in 1.000 Leben erreichst. Das Ziel ist es, sein Herz für dich zu gewinnen, so dass er sein Herz mit deinem vereinen kann. So dass du wieder fühlen kannst.

Die Auswirkungen kann man nicht mit Worten beschreiben. Du musst es selbst erfahren. Allein das sollte dein Ziel sein, ihn so sehr zu berühren, dass er aufmerksam wird auf dein kleines, von Sehnsucht getriebenes Herz.

Sieh dich als kleiner Samen in seinem Garten und jetzt versuchst du, durch die dicke Erdkruste zu brechen. Gott ist der Gärtner. Du kannst ganz sicher sein, er ist der beste Gärtner, den du dir nur vorstellen kannst. Er merkt jede kleine Veränderung in seinem Garten. Er spürt jedes Wachstum. Der Gärtner liebt es sehr, seine Blumen zu liebkosen, sie zu gießen, sich an ihnen zu erfreuen und sie zu genießen. Er liebt es, seinen Garten zu hegen und zu pflegen. Wenn du nun das kleine Samenkorn bist, das versucht, mit Hingabe und festem Willen sich eifrig zu entfalten, wenn du der Samen bist, der sich durch die dicke Erdkruste brechen möchte, dann spürt er das. Nun wird er aufmerksam. Er beobachtet den kleinen Samen, der mit so viel Herzensliebe mittlerweile zu einem kleinen grünen Sprössling geworden ist. Nur eine ganz kleine Spitze des grünen Sprösslings dringt durch die dunkle Mutter Erde. Er beobachtet geduldig, wie sehr dieses kleine Pflänzchen sich bemüht, eine Rose, eine Tulpe, ein Baum oder Ähnliches zu werden. Er weiß auch, dass die Pflanze erst ihren Willen zeigen muss, bevor er sich um sie kümmern kann. Der kleine Sprössling muss alles geben, er darf nur das eine Ziel haben – zu wachsen und den Gärtner zu erfreuen.

So streng dich doch einfach an und probiere es aus. So bitte doch darum, den Garten Gottes mit einer Rose, einer Tulpe oder einem Vergissmeinnicht zu zieren.

Bitte doch darum, deinen Duft in seinen Garten strömen lassen zu dürfen.

Wenn er es dir gestattet und dein Duft verströmt, kann er nicht daran vorbeigehen, ohne seine Nase in deinen Kelch zu halten. Ab diesem Moment hast du ihn für dich gewonnen, dann ist er so berauscht, dass er nicht mehr ablassen kann von dir. Wann immer er dann seinen Garten betritt, sucht er dich auf und sieht nach seiner kleinen Blüte. Er schenkt dir somit seine Güte, seine Barmherzigkeit und all seine Liebe.

Auch wird er ab jetzt dafür Sorge tragen, das nicht mehr zu viel Unkraut an dir hochwächst.

Gerade am Anfang wird es Zeiten geben, in denen du ihn nicht immer fühlen kannst, aber dann gib alles und versprühe noch mehr Duft. So lange, bis dich dein eigener Duft vollkommen betört. Es ist an dir, groß, standhaft, prächtig und voller Liebe seinen Garten zu zieren. Je mehr du dich hingibst, desto mehr wirst du erhalten.

Die Vergebung ist ein sehr heiliger Prozess, der das Herz und die Seele immer mit hinzuzieht. Vergebung, aus dem Herzen gesprochen, führt zu wahren Wundern.

Das Wunder der Sühne. Was ist Sühne? Heilung in Liebe. Der tiefe Wunsch, alte Wunden zu heilen. Warum? Weil das Herz die Sprache der All-Liebe ist. Genau hier offenbart sie sich – mitten in deinem Herzen. Ich möchte hier ein Gebet teilen, welches aus meinem Herzen entsprungen ist und welches ich immer und immer wieder gebetet habe.

Gebet

„Vater, wenn du mich für würdig hältst, nimm du mein Herz und meine Seele in deine Hände. Aber nur dann, nimm du meine kleine Seele, deinen kleinen Samen und pflanze mich in deinen Garten. Irgendwo, an irgendeine Stelle. In die hinterste Gegend deines Gartens, an den kleinsten Platz. Ich möchte nur da sein, nur in deiner Gegenwart weilen. Wie gerne möchte ich für dich blühen, damit du dich an meinem Duft erfreuen kannst. Vater, ich möchte dir Freude bereiten. Wenn du magst, begieße mich mit deinem Wasser (dem heiligen Geist), damit ich wachsen kann. Bitte schneide das Unkraut (das Üble), das an mir hochwächst, ab, damit ich noch mehr blühen und tiefe Wurzeln schlagen kann. Vater, dein Wille geschehe, dein Wille geschehe. Danke, danke, danke."
Vater, danke, dass ich dich lieben darf.

7
Nicht mehr warten:
Dem Leben mit dem Herzen begegnen

Gott hat das alles zu seiner Zeit auf vollkommene Weise getan. Überdies hat er die Ewigkeit in alles hineingelegt - AT Kohelet 3,11

*„Warten ist das Geschenk des Lebens an dich,
mehr Zeit mit dir zu verbringen."*

Im Herzen steht die Zeit still, und in dieser Stille herrscht nur Freude und Frieden, wahre Freude, die nicht an Zeit gebunden ist. Es ist wundervoll, denn deine Seele weiß von dieser Freude. Im Herzen ihres Zentrums, tief im Innersten erinnert sie sich an diesen unbeschreiblichen Frieden. Sie erinnert sich an das Glück, über das Wissen der Ewigkeit. Im Moment bist du mit deiner Persönlichkeit als Philip, Maria oder Dirk (also nicht mit deiner Seele) nicht in der Lage, dich an diese Freude zu erinnern. Du bist zu beschäftigt, dich mit den vielen Dingen des irdischen Lebens auseinanderzusetzen. Das Ego nutzt deine Unwissenheit über die ewiglichen Freuden im Herzen und der Seele jetzt aus und ersetzt die fehlende Erinnerung der ewigen Freude, der Freiheit und Klarheit durch Bedürfnisbefriedigung und die sinnlose Wunschbefriedigung. Bedürfnisse sind immer an Zeit gebunden und haben den Aspekt des Kommens und Gehens. Den Zeitraum zwischen einem Wunsch und der Befriedigung des Wunsches nennt man „Warten".

Mit dem Warten nimmt etwas Fatales seinen Lauf. Du beginnst nun darauf zu warten, dass dir die Begierden die Ewigkeit bringen, die wahre Freude. Es dauerte eine ganze Weile, bis ich wirklich verstand, bis ich fühlte, was das zu bedeuten hatte.

Ich meine wirklich zu verstehen, was das Gefühl des Wartens mit sich bringt und was es in mir anrichtete. Ich möchte versuchen so gut ich kann, es hier zu beschreiben.

Was ist eigentlich das Wesen des Wartens? Was macht das Warten aus und warum ist es so wichtig zu erkennen, was das bedeutet? Warten hat einen ganz wesentlichen Faktor, es ist an Zeit gebunden.

Zeit ist die Maßeinheit zwischen deinem ersten und deinem letzten Atemzug. Zwischen deiner Geburt und deinem Tod. Alles, was sich in diesem Zeitraum befindet, wirst du als Zeit wahrnehmen. Die Sekunden, Minuten, Tage, Wochen, Jahre und Jahrzehnte, all das ist deine Zeit. Atemzug für Atemzug. Diese Zeit hast du bekommen, um dein Herz und deine Seele zu finden. Tugenden zu entwickeln oder das Leben zu begreifen, wie es in Wahrheit ist. In einem rasanten Tempo rast die Zeit nur so dahin und das, obwohl du nicht schneller atmest als zuvor. Die Atmung bleibt sich gleich und dennoch geschieht etwas in dir, dass dir das Gefühl vermittelt, die Zeit vergehe immer schneller.

Weshalb das so ist, ist an dieser Stelle nicht so wichtig. Es soll nur unterstreichen, wie enorm bedeutungsvoll und kostbar die Zeit ist. Besser gesagt, dein Leben in der Zeit ist sehr kostbar. Die Maßeinheit zwischen Geburt und Tod ist also die Zeit, die dir zur Verfügung steht. Es ist an dir, zu entscheiden, was auch immer du damit anstellen möchtest. Was ist das Wesen der Zeit?

Zeit sagt dir, dass du einst sterben wirst. Dein Körper wird sterben. Die Dinge kommen und gehen, das ist es, was dir die Zeit versprechen kann. Nicht mehr und nicht weniger. Sie ist und bleibt ein Faktor für das körperliche Leben und den Tod, den Verfall. Als ich das begriff, da wusste ich plötzlich, dass ich außergewöhnlich viel Zeit in meinem Leben mit Warten verbrachte. Mir wurde bewusst, dass ich diese kostbare Zeit mit vielen unnützen Gedanken und unnützen Taten vergeudete.

Das Leben selbst wartet nicht. Das Leben – Gott – gibt und gibt und gibt, und das ohne Pause. Das Leben selbst muss nicht auf dich warten. Es hat keinen Anfang und kein Ende, und ich meine damit nicht das Leben, welches mit deinem ersten Atemzug beginnt und welches sich mit dem Kleid des Körpers identifiziert und diesen mit dem letzten Atemzug ablegt. Ich meine das Leben, das aus dem Herzen Gottes in dich eindringt. Es strömt ohne Unterlass in dich hinein und umgibt dich voller Liebe.

Die Ewigkeit wartet nicht, sie ist einfach nur das „Jetzt" in diesem Moment, ewiglich.

Ich finde es wundervoll, dass das so ist. Es gibt einem so viel Raum und Freiheit.

Wäre da nur nicht das Gefühl des Wartens.

Wie zeigt sich denn das Warten im Menschen? Es beginnt mit dem Warten auf den ersten Atemzug eines neugeborenen Kindes. Oder, dass die 9-monatige Schwangerschaft endlich herum ist. Der Arzt, die Hebamme, die Mutter, der Vater, alle warten auf den erlösenden Schrei des Kindes.

Du wartest auf das Klingeln des Weckers am Morgen.
Du wartest, dass der Kaffee abkühlt.
Du wartest an der roten Ampel.
Du wartest beim Bäcker.
Du wartest im Supermarkt an der Kasse.
Du wartest im Stau.
Du wartest auf den Check-In am Flughafen.
Du wartest auf den Filmbeginn.
Du wartest darauf, gesund zu werden.
Du wartest auf das neue Auto.
Du wartest auf einen Freund.
Du wartest darauf, jemanden kennenzulernen.
Du wartest auf den Monatsersten.
Du wartest auf den Urlaub.
Du wartest auf den Feierabend.

Du wartest auf das Wochenende.

Fernsehen ist warten.

Das Wesen des Wartens ist diebisch. Warten ist eine sehr raffinierte Einrichtung des Üblen, das nicht will, dass du dein Herz findest. Solange du die Zeit des Wartens nicht sinnvoll nutzt, wird dich das Warten benutzen. Wie viel Zeit vergeht im Laufe eines Tages, ohne dass du etwas Nützliches für dein Herz tust. Zeit, in der du nicht an dir arbeitest, um deinem Herzen und deiner Seele oder sogar Gott näher zu kommen.

Jeden Augenblick, in dem du nicht bewusst bist, nutzt das Ego gegen dein Herz, es benutzt deine Kräfte mit seinen ablenkenden Ideen.

Während dieser Zeit bindet es dich gedanklich an Situationen und Dinge, die wiederum meist negativ sind. „Ach, schau mal die Dicke", „der Dünne", „der Große", „die Kleine". – „Ach, was können wir jetzt nur machen? Es ist so langweilig!" – „Nimm doch mal das Smartphone raus?" Tausende Gedanken und Aufforderungen prasseln auf dich ein während du wartest. Meistens bist du damit beschäftigt, dich innerlich unruhig zu fühlen, steigst von einem Bein auf das andere oder kratzt dich irgendwo. Im schlimmsten Falle langweilst du dich sogar. Das alles läuft fast unbewusst ab.

Vielleicht sind deine Gedanken jetzt: „Ja, aber ich warte gerne." Das mag sein, aber was machst du in der Zeit des Wartens mit dir?

Ich unterhielt mich mal mit jemandem über das Warten und dem dahinterliegenden Wesen. Ich hatte zu dieser Zeit gerade Einblick über das Warten und das Wesen dahinter erlangt und wollte mal sehen, wie dieses Wissen auf Menschen wirken würde. Ich traf diesen besagten Menschen, mit dem ich beruflich ein wenig zu tun hatte, und begann ein Gespräch mit ihm. Ich fing an, über das Warten mit ihm zu sprechen. Er antwortet mir: „Warten ist für mich kein Problem, ich spiele dann immer Spiele am Mobiltelefon oder beantworte Mails, lese in einer Zeitung die News oder telefoniere." Diese Aussage fand ich sehr spannend, bestätigte sie mir doch genau meine Erkenntnis. „Das Gefühl des Wartens ist ein Dieb der Bewusstheit." Genau das ist auch der Wesenszug des Wartens. Es bringt dich in den Modus einer Aktivität. Während des Wartens nimmst du eine Zeitung in die Hand und liest die Nachrichten von gestern. Du informierst dich über den neusten Klatsch und Tratsch. Vielleicht lässt dich das Warten auch wieder zum Handy greifen oder nach den neusten Mails Ausschau halten. Vielleicht stellst du das Radio an und hörst Musik, um dir die „Zeit zu vertreiben". Eines bist du in diesem Bewusstseinszustand ganz sicher nicht: Du bist dir deines Herzens und deiner Seele nicht bewusst. Du bist dir deines Atems nicht bewusst. Du bist nicht wach. In deinem Kopf kreisen unruhige Gedanken, die dir erklären, dass dein Leben gerade nicht harmonisch ist. Es kommen dann auch tröstende Gedanken, dass ja bald das Wochenende kommt. Das sind alles Ablenkungen, die dich wegführen. Von dem, das dir in diesem Leben nur in geringem Maße zur Verfügung steht, Zeit.

Zeit, die du dem wichtigsten Teil in deinem Leben spenden solltest, nämlich deinem Herzen und deiner Seele. Die Möglichkeit, die Zeit zu nutzen, Tugenden zu entwickeln.

Deshalb bist du vielleicht hierhergekommen, um dein Herz und deine Seele zu finden. Wenn du die Zeit einfach so verstreichen lässt, ohne auch nur einmal am Tag an dein Herz und deine Seele zu denken, ohne auch nur einmal an Gott zu denken, an das Leben selbst. Wenn du die Zeit so vergehen lässt, ohne an einer Blüte gerochen zu haben, ohne jemandem etwas Liebevolles gesagt zu haben oder jemandem ein Lächeln entlockt zu haben. Wenn du kein Blatt oder einen Baum berührt hast oder nicht kurz 10 Minuten meditiert hast, wie willst du dann jemals dein Herz und deine Seele finden oder sogar Gott selbst in deinem Herzen wahrnehmen?

Wenn du die Zeit deines Lebens nicht dazu verwendest, dich ernsthaft mit dir selbst zu beschäftigen, dich zu hinterfragen, dich zu lieben, dir zu vergeben, wenn du die Zeit nicht dafür nutzt, die Wahrheit in dir zu finden, dann nutzt die Zeit dich für sich.

Du bist dann mit vielen Dingen beschäftigt: Autos kaufen, Fernsehen schauen, Geld verdienen, Shoppen, Leiden – aus welchem Grund auch immer, Urteilen, über andere schimpfen und vieles, vieles mehr. Oder nutzt du die Zeit für das Wichtigste in deinem Leben? Die Zeit dafür zu nutzen, die Stimme deines Herzens wieder zu finden – diese zarte, so liebliche, feine Stimme im Herzen wieder zu entdecken, damit Klarheit, Frieden und Freiheit gelebt werden kann. Wenn du die Stimme deiner Seele nur einmal spürst, wirst du spüren, wie sehr Gott dich liebt. Vor lauter Freude und Dankbarkeit laufen dir dann die Tränen über die Wangen, ohne dass du eigentlich weißt warum. Vielleicht fällst du auch auf die Knie und hebst deine Hände zum Himmel.

Wenn du dies unbeschreibliche, erhabene Gefühl erfahren möchtest, dann nutze doch die Zeit des Wartens mit seinen sinnvollen, lebensbejahenden Möglichkeiten.

Es gibt so viele Situationen am Tag, in denen du die Zeit des Wartens für dich nutzen kannst. Ich will dir mal eines von unendlich vielen Beispielen geben, wie ich die Zeit nutze und wie ich sie erfahre.

Einmal saß ich beim Zahnarzt, ich hatte einen Termin um 18 Uhr wegen einer Zahnreinigung bekommen. Die Praxis war bis 20 Uhr geöffnet, und ich wurde in das Wartezimmer geführt. Was für ein toller Name. „Wartezimmer", es sollte „Übungszimmer" heißen oder: „Wir bieten Ihnen kostenlos die Möglichkeit an, ihr Leben zu finden". Also gut. Ich saß nun dort, und es lagen wie üblich einige Zeitschriften auf einem kleinen Stapel. Soweit ich mich erinnern kann, saß noch eine junge Frau mit im Wartezimmer. Der erste Gedanke, der auf mich einwirkte: „Nimm eine Zeitung und lies mal was." Ich beobachtete den Gedanken und entschloss mich dazu, diesem Gedanken nicht zu folgen, und anstelle dessen begann ich, mich auf meinen Körper zu konzentrieren. Ich begann damit, meinen Körper zu fühlen. Es ist eine wesentliche Konzentrationsübung, die ich mir angewöhnt habe. Ich konzentriere mich also auf meine Hände und Füße, auf jeden einzelnen Finger. Ich konzentriere mich dann auf die Temperatur, die ich an meinen Händen fühlen kann. Ich bringe meinen Atem in Ordnung, indem ich ruhig und gleichmäßig – mit einer speziellen Technik – tief in den Bauch atme. Während ich all das so mache, kommen selbstverständlich Gedanken. „Hast du die Zeitschrift gesehen? Lies doch mal ein wenig. Dieses oder jenes sieht aber interessant aus. Schau mal zum Fernseher, da sind Tiere zu sehen" oder: „Beobachte, was draußen am Gang vor sich geht".

Ich ignoriere Gedanken wie diese und konzentriere mich dann weiterhin auf meinen Atem, meine Beine und Zehenspitzen. Ich beobachte mich selbst dabei sehr aufmerksam. Ich sitze in diesen Momenten fast bewegungslos da. Es muss sehr merkwürdig auf andere Menschen wirken, wenn jemand dasitzt und sich über einen sehr langen Zeitraum nicht bewegt.

So saß ich im Wartezimmer, und es betrat eine weitere Person den Raum. Im nächsten Augenblick wurde die junge Frau aufgerufen, die vor mir schon wartete. Kurz danach wurde auch der gerade erst eingetretene Herr aufgerufen. Vielleicht kennst du das Gefühl, du sitzt beim Arzt und der vereinbarte Termin ist schon längst verstrichen, während ein Patient nach dem anderen vor dir aufgerufen wird. Was gibt dir das für ein Gefühl?

Ich hatte keine Uhr dabei und die Zeit verstrich. Mittlerweile waren drei weitere Personen im Wartezimmer, die alle nach und nach aufgerufen wurden. Was für Gedanken sich da so formen. „Was soll denn das, ist doch eine Sauerei, wie die hier mit ihren Terminen umgehen, mit deiner Zeit. Geh mal hin und beschwere dich. Die machen hier bald zu. Ist doch alles eine Frechheit." Ich saß so da und war sehr intensiv damit beschäftigt, meine negativen Gedanken und Gefühle zu beobachten, während ich so wartete. Je mehr Menschen das Wartezimmer betraten und vor mir aufgerufen wurden, desto heftiger wurden die negativen Gedanken in mir.

Ich beobachtete alles mit dem Gefühl der Geduld und Ruhe. Also immer, wenn ein solcher Gedanke mich aus der Fassung bringen wollte, ersetzte ich diesen mit friedlichen Gedanken der Liebe, der Ruhe, der Geduld. Ich nahm sehr wohl die Unruhe in mir wahr, aber ich akzeptierte diese nicht als meine Wahrheit. Ich übte mich in den Tugenden der Geduld und der Stille. Während der Zeit des Beobachtens bewege ich mich fast überhaupt nicht. Ich sitze einfach nur still da. So still ich nur eben sein kann. Meine Beobachtung, Wahrnehmung und Konzentrationsfähigkeit nimmt dann deutlich zu. Ich kann dann beobachten, wie das Warten die Menschen dazu benutzt, irgendwelchen Aktivitäten zu folgen. Ich kann förmlich ihre Gedanken fühlen. Es wird die Zeitschrift genommen und es werden die Artikel gelesen. Eine Zeitschrift nach der anderen, so lange, bis Müdigkeit eintritt. In Situationen wie dieser kannst du die aufkommende Ungeduld beobachten.

Ein Bein wird über das andere geschlagen. Es wird tief durchgeatmet. Es ist geradezu so, als wolle sich die Person beruhigen, wie kleine Kinder es tun.

Das Smartphone wird aus der Tasche geholt, der wohl beste Zeitvertreib des Wartens, Ablenkung pur. Manchmal unterhalten sich Menschen auch über die Unzufriedenheit des Wartens. Es fallen Äußerungen wie: „Das dauert aber lange! So kenne ich das aber nicht. Es ist ganz ungewöhnlich, hier so lange zu warten."

Es wird sich vorsichtig an die anderen wartenden Personen herangetastet, ob eine negative Äußerung zu erhaschen ist. Ach, wie wundervoll doch das Beobachten ist. Nachdem nun fast sechs Personen vor mir aufgerufen wurden und ich mittlerweile längere Zeit alleine im Wartezimmer saß, wusste ich nicht, ob sie mich nicht vergessen hatten. Ich entschied mich, doch einmal zum Empfangstresen zu gehen. Ich tat dieses mit dem Gefühl der Ruhe, der inneren Stille, obwohl in mir der Krieg tobte. Er wollte jetzt

Gerechtigkeit fordern: „Jetzt gib aber mal ordentlich Bescheid, das lassen wir nicht mit uns machen. Das ist doch das Letzte hier! Seit zwei Stunden sitzen wir hier rum." In mir tobte der Krieg! Langsam begannen die negativen Gefühle sich hochzuschaukeln. Ich fühlte die innerlichen Angriffsdialoge, aber meine einzige Handlung war es, in Güte und mit einer sanftmütigen Art und Weise die junge Dame zu fragen, ob man mich denn wohl vergessen habe. Die junge Frau hinter dem Tresen schaute mich irritiert an. Sie blätterte etwas unruhig in dem Terminplaner umher und meinte dann schließlich: „Ja, das stimmt. Wir haben Sie vergessen, der Arzt ist jetzt auch schon gegangen. Es tut mir außerordentlich leid."

Jetzt begann es in mir zu brodeln, der Siedepunkt war erreicht! Etwas in mir wollte nun mit aller Macht versuchen, eine negative herablassende Bemerkung zu machen. Es wollte ihr an die Gurgel springen, sie über den Tresen ziehen und mal ordentlich Bescheid geben. Ich übte mich weiterhin standhaft darin, die Schlacht in mir zu gewinnen, und antwortete mit einem Lächeln: „Keine Ursache."

Die Dame gab mir dann einen neuen Zahnreinigungstermin. Zu meiner großen Freude bot sie mir an, diesen Termin dann auf Kosten des Hauses zu setzen, wegen der langen Wartezeit. Ich dankte ihr freundlich und verabschiedete mich mit einem breiten und freundlichen Schmunzeln.

An diesem Abend bedankte ich mich während meines Abendgebetes sehr intensiv und voller Freude für dieses Geschenk, das mir das Leben bereitet hatte. Zum einen durfte ich mich so intensiv in Geduld üben, ich durfte dem Wahnsinn, der in mir tobte, begegnen. Ich durfte erkennen, was diese negativen Gedanken mit mir machten, und zum anderen wurde ich auch noch dafür belohnt. Wie wundervoll das Warten doch sein kann. Ich hatte zwei Stunden Zeit geschenkt bekommen, um mich mit mir selbst auseinanderzusetzen.

Glücklicherweise griff ich nicht zur Zeitung und verlor mich nicht in irgendwelchen Informationen. Auch dem Werbefernseher im Wartezimmer mit seiner Berieselung hatte ich standgehalten. Dafür habe ich umso mehr über mich selbst erfahren. Ich erfuhr mehr über meine kranken Gedankenmuster, die in mir abliefen, während ich wartete. Wie dankbar ich doch bin, dass ich das in meinem Leben lernen kann, dass ich Klarheit gewinnen kann, zu erkennen. Klarheit zu gewinnen und zu erkennen, was diese wahnsinnigen Gedankenmuster während des Wartens mit sich bringen.

Ich bin so dankbar für die vielen kleinen und großen Lektionen, die mir das Warten gebracht hat, gerade in Bezug auf die Geduld und aufkommenden negativen Gedankenmuster. Das Warten auf diese Art zu benutzen, bringt dich auch immer in das Jetzt. Du kannst nicht in vergangene oder zukünftige Gedanken schweifen, während du deine Gedanken und Gefühle prüfend beobachtest.

Du bist bewusst, wenn du dich mit dir selbst auseinandersetzt, und wirst mit jedem Mal bewusster, wenn du es tust. Du kommst der Stimme deines Herzens ein wenig näher. Viel wichtiger ist es, dass du auch der Stimme, die vermeintlich gegen dich arbeitet, auf die Spur kommst. Es bedarf sehr viel Ehrlichkeit zu sich selbst, das zu entdecken. Ist das einfach? Nein, das ist es nicht. Es ist knallhartes Training, aber es ist machbar, und das ist das Einzige, was für mich zählt. Was bringt das alles?

Es hilft dir, deine Persönlichkeit durchlässiger zu machen.

Es bricht die harte Kruste der alten Gewohnheiten und Verletzungen auf, dadurch kannst du liebevoller werden, zu dir selbst und zu anderen.

Du bereitest dich darauf vor, tiefer in dein Herz vorzudringen.

Es gibt so viele Situationen, um sich zu üben. Morgens beim Bäcker in der Warteschlange kannst du dem Menschen vor dir so viel Liebe schicken oder auch dem Raser oder dem Schleicher im Straßenverkehr mehr Freude am Leben wünschen. Wer hört diese

Gedanken denn immer, wenn du das tust? Du selbst hörst es? Also ist doch die Aussage: „Wer gibt, empfängt", so einfach zu verstehen. Wenn du gibst, empfängst du auch gleichzeitig.

Aber das alles ist nur der Beginn und hat noch nichts damit zu tun, was Gott geben kann, wenn er deine Seele zu sich ziehen möchte. Das Besondere bei dieser Art zu warten ist es, dass die Zeit auch hier wieder einmal viel zu schnell vergeht. Oft stehe ich an der roten Ampel und beginne gerade mit einer Tiefenatmung, um mich dem wundervollen Gefühl des Friedens hinzugeben, dann hupt es schon wieder und ich muss weiterfahren. Ich freue mich dann schon wieder auf die nächste rote Ampel, um ein wenig Zeit zu haben, tief zu atmen. Es tut so gut, sich selbst einmal mehr zu spüren. Ich nutze das Warten, um Aurasehen zu üben, um mich in Geduld zu trainieren, die Tugend von Geduld zu festigen. Ich nutze die Zeit, um Bewusstseinsübungen zu machen oder Konzentrationsübungen zu praktizieren. Es lässt sich so viel Positives mit der Zeit anstellen. Oft bete ich auch tiefe Gebete in meinem Herzen. Das bereitet mir am meisten Freude. Manchmal, wenn Gott es erlaubt, spüre ich dann mein Herz und meine Seele so deutlich, dass ich mir an meine Brust fasse und mir einfach die Tränen herunterlaufen. Was das für ein Segen ist, ist mit Worten nicht zu beschreiben. Das Leben – Gott – wartet sowieso auf mich. Warum die Zeit nicht gleich sinnvoll nutzen?

Die Unwissenheit, das Vergessen der Ewigkeit in deinem Herzen macht das Leben zu einem Wartebahnhof, in dem die Züge niemals eintreffen.

Mit Gebet und Beschauung allein könnt ihr euer Fundament nicht legen.
Ihr müsst nach den Tugenden streben und euch darin üben,
Sonst werdet ihr immer Zwerge bleiben. Lasst euer Wachstum nicht
stecken, denn die Liebe begnügt sich nicht, auf der Stelle zu treten.

Teresa von Avila, a. a. O., VII,4[10]

---

[10] Kontemplative Exerzitien mit Teresa von Avila und Johannes vom Kreuz, Pneuma Verlag, München, 2009

8

Warten und der Tod

Das Gefühl des Wartens ist der Dieb des Lebens, der dir sagt: „Der Tod kommt mit Sicherheit und das wird schrecklich. Also versuche erst gar nicht, etwas zu verändern, sondern lass alles, wie es ist. Ich sorge schon für dich und warte einfach ab."

Das Gefühl des Wartens nimmt dir die kostbare Zeit, die lebensbejahende Kraft zu nutzen, dem Tod zu strotzen. Sie nimmt dir die Zeit, dem Leben zu begegnen. Warum? Immer wenn ein Mensch das Gefühl von Warten in sich trägt, erinnert er sich unbewusst an die Zeit und somit an den Tod, an den Anfang und das Ende.

Er wird sich latent bewusst, dass in der Zeit gestorben wird. Da die Zeit unweigerlich an den Tod gekoppelt ist und der Tod für viele Menschen etwas Negatives oder eine eben unbekannte Komponente besitzt, wird er unruhig und muss sich von diesen Gedanken oder Gefühlen ablenken. Der Mensch hat nicht den Mut, die Zeit dafür zu nutzen, in sich hineinzuschauen. Die heutigen technischen Errungenschaften wie Smartphone und Co. bieten eine gelungene Möglichkeit, sich selbst nicht zu begegnen und wieder einen Moment des Bewusstseins verstreichen zu lassen. Gestorben wird in der Zeit – im Außen –, nicht im Herzen und auch nicht in der Seele.

Was geschieht noch, während du wartest? Erforsche dich mal selbst und überlege, welche Gedanken du hast, während du irgendwo wartest? Welcher Art sind diese Gedanken? Herzliche Gedanken voller Leben, angefüllt mit Freude und Dankbarkeit? Oder sind es eher negative, urteilende Gedanken? Warten wird dir immer das Gefühl geben, etwas zu verpassen, oder es gibt dir das

Gefühl von Langeweile – beide Erzfeinde des Lebens. Unbewusst sagt dir das Gefühl des Wartens: „Du wirst sterben, und du hast die Zeit nicht genutzt, das hast du jetzt davon." Für mich bedeutet das nur eines: Jedes Warten ist eine Akzeptanz, dass der Tod wahr ist.

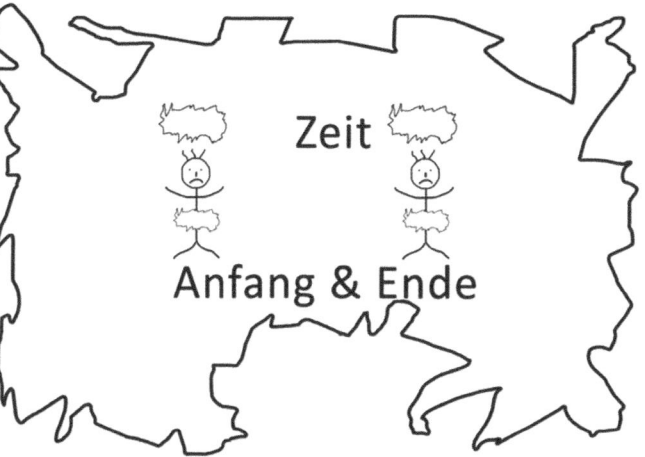

Bild 37: In der Zeit findet der Tod statt, nicht im Leben selbst

Aber wo wird denn gestorben? Gestorben wird nur in der Blase des Außen, deiner angeblichen Realität. Wie bereits erwähnt, wird im Hinduistischen von der Maya der großen Illusion als Verführerin gesprochen. Sie ist verantwortlich für die große Täuschung und gilt als Verführerin, die mit ihrer Illusion den menschlichen Geist von seiner wahren Natur ablenkt, betört und verlockt. Diese Täuschung wird dir in allen Bereichen deines Lebens gezeigt und deshalb glaubst du auch, dass die Täuschung wahr ist. Du kannst nicht mehr unterscheiden zwischen dem süßen Rufen deines Herzens, deiner Seele und der Täuschung. Das ist nun einmal das Wesen der Täuschung, etwas als real erscheinen zu lassen, obwohl es keine Wahrheit in sich birgt oder besser gesagt, damit die Wahrheit verborgen bleibt.

Galaxien kommen und gehen.

Sonnen kommen und gehen.

Sterne kommen und gehen.

Die Erde wird einst gehen.

Die Pflanzen kommen und gehen.

Frühling, Sommer, Herbst und Winter kommen und gehen.

Tiere werden geboren und gehen.

Menschliche Körper werden geboren und gehen.

Alles in dieser Welt ist der Zeit und somit dem Tod unterworfen. Mit 16 oder 17 Jahren las ich schon Bücher von Elisabeth Kübler-Ross, der damaligen angesagten Sterbeforscherin. Meine Mutter und meine Oma meinten damals, warum ich mich denn jetzt schon mit dem Tode beschäftigen würde, ich sei doch noch so jung? Aber das Leben, welches hinter dem Tode zu finden ist, hatte mich bereits damals fasziniert und mein Herz auf irgendeine Art und Weise berührt. Ich wusste einfach, dass der Tod nicht endgültig ist.

Die frohe Botschaft ist, dass die Evolution vom Kommen und Gehen in Raum und Zeit stattfindet. Sie findet nicht in deinem Herzen statt und auch nicht in der Ewigkeit Gottes, in der deine Seele ruht. Deine Seele ist nicht an Zeit gebunden, sie befindet sich außerhalb des Zeitzonen-Geschehens. Sie befindet sich außerhalb des Sterbens, aber innerhalb des göttlichen Herzens. Gestorben wird nur in der Zeit, nicht im Herzen und der Seele. Herz und Seele sind nicht der Zeit unterworfen. Herz und Seele sind das wahre Außen, welches du nur in deinem Inneren finden kannst. Deshalb erklärte Krishna in der Bhagavad Gita Arjurna[11]

---

[11] Die Bhagavad Gita ist die Offenbarungsschrift des Mahabharata und eines der meist gelesenen Bücher in Indien. Dieses uralte philosophische Werk enthält die Grundlagen der indischen geistigen Lehre und ist ein wertvoller Schatz an Inspiration und Möglichkeiten der Selbstverwirklichung.

auch, dass die Seele nicht sterben kann. Die Seele hat mit diesem Außen nichts zu tun. Sie ist lediglich mit einem Körper verbunden, dem Tempel Gottes, in dem deine Seele für eine kurze Zeit weilt.

Krishna sprach: Es wurde nicht geboren und stirbt auch niemals; nachdem Es gewesen ist, hört Es wiederum nicht auf zu sein; da Es ungeboren, ewig, unveränderlich und uralt ist, wird es nicht getötet, wenn der Körper getötet wird. Bhagavad Gita, Kap. II-20

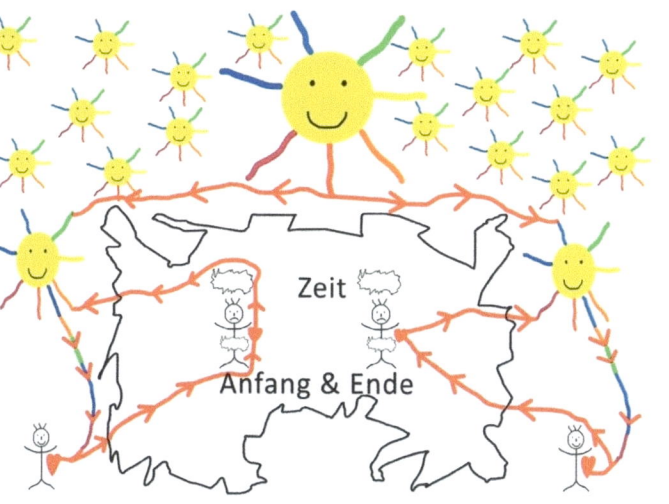

Bild 38: Rechts und links außen ist die Seele im Herzen verbunden, dargestellt als lächelndes Männchen mit dem Herzen. Die größere Sonne darüber ist der Schutzengel. Die große Sonne in der Mitte ist Gott, die All-Liebe. Die ganz kleinen Sonnen sind viele Engel. Das Männchen in der Wolke stellt das Leben im vermeintlichen Außen dar, den Menschen mit seiner momentanen Persönlichkeit.

So kannst du erkennen, der Mensch wird getränkt mit Güte und Wahrheit, in der Zeit und zu jeder Zeit. Jeder bewusste Gedanke und jede Entscheidung, das eigene Herz zu finden, aktiviert die Verbindung wieder, stärkt die Erinnerung an das Herz und die Seele, somit ist es ein Erinnern an die wahre Natur des Menschen.

Was hat Jesus Christus den Menschen versucht mitzuteilen?

„Ihr müsst den Tod überwinden."

All das, was innerhalb der dunklen Wolke auf dem Bild oben stattfindet, ist dem Kommen und Gehen unterworfen, dem Tod.

Der Tod, die negativen Gedanken und Gefühle, alles, was nicht wahrhaftiger Frieden ist, ist an die Zeit gebunden und somit an einen Tod, den es zu überwinden gilt. Die Herrlichkeit des Lebens, jetzt bereits innerhalb der dunklen Wolke wahrzunehmen, darum geht es, diese Liebe zu erfahren und zu leben.

Ein Auszug aus dem Gebet von Bruder Clausen[12] dazu.

Ich habe dieses Gebet so oft kniend und unter Tränen an das Herz Gottes gelegt.

„Vater, nimm alles von mir, das mich trennt von dir,

und gib alles mir, was mich führt zu dir" –

In diesem Zusammenhang auch das Gebet von Franz von Assisi[13], das wie folgt endet:

„… und wer stirbt, der erwacht zum ewigen Leben."

Hier das vollständige Gebet des heiligen Franz von Assisi:

Herr, mache mich zu einem Werkzeug deines Friedens,
dass ich Liebe übe, wo man hasst;
dass ich verzeihe, wo man beleidigt;
dass ich verbinde, wo Streit ist;
dass ich die Wahrheit sage, wo der Irrtum herrscht;
dass ich den Glauben bringe, wo der Zweifel drückt;
dass ich die Hoffnung wecke, wo Verzweiflung quält;
dass ich Licht entzünde, wo die Finsternis regiert;
dass ich Freude bringe, wo der Kummer wohnt.

---

12 http://www.bruderklaus.com/
13 http://www.franziskanerinnen-thuine.de/

Herr, lass mich trachten:
nicht, dass ich getröstet werde, sondern dass ich tröste;
nicht, dass ich verstanden werde, sondern dass ich verstehe;
nicht, dass ich geliebt werde, sondern dass ich liebe.
Denn wer dahingibt, der empfängt;
wer sich selbst vergisst, der findet;
wer verzeiht, dem wird verziehen,
und wer stirbt, der erwacht zum ewigen Leben. Amen

Ich wollte unbedingt sterben, nicht körperlich, ich wollte, dass das Üble in mir stirbt, damit ich leben kann, damit ich den ewigen Frieden Gottes in meinem Herzen spüren konnte. Ich sehnte mich so sehr danach, das zu erhalten, was der heilige Franz von Assisi in seinem Gebet zutiefst ersehnte oder zu der Zeit schon tief fühlte.

Ich wollte es unbedingt: Sterben, um zu leben!

Heute ist mir klar, dass die Ewigkeit, das wahre Leben keine Zeit, sondern nur wahren Frieden enthält. Jesus wusste das, denn als er den körperlichen Tod kommen sah, sagte er zu seinen Jüngern:

Auch wenn ich nicht bei euch bleibe, sollt ihr doch Frieden haben. Meinen Frieden gebe ich euch; meinen Frieden lass ich euch, einen Frieden, den euch niemand auf der Welt geben kann. Seid deshalb ohne Sorge und Furcht! Johannes 14,27

Das Bild unten möge dokumentieren, wie es ausschaut, wenn die Täuschung überwunden wird. Je stärker der Wunsch ist, das Herz Gottes finden zu wollen, je mehr vergeben und verziehen wird, desto schneller lüftet sich die Täuschung, der Schatten, der das wahre Leben verbirgt. Leicht sind die Schatten noch zu erkennen, aber die Kraft der Vergebung, der Hingabe und Demut zeigen ihre Wirkung deutlich.

Bild 39: Gottes Liebe im Herzen löst die Bande der Verstrickung und der Illusion

Als ich begriff, wie wichtig die Zeit ist, machte ich die Zeit zu meinem besten Freund. So nutze ich dieses kostbare Gut, die Zeitspanne zwischen meinem ersten und meinem letzten Atemzug, so gut ich kann, um tugendhafter, friedfertiger, sanftmütiger und liebvoller zu werden; die Zeit zu nutzen, Gott Freude zu bereiten. Somit begegne ich dem Leben, und das Warten hat keinerlei Bedeutung mehr für mich. Wie dankbar kann ich Gott dafür sein, dass er mir gestattet, ein wenig davon zu verstehen, und dass er mich so sehr liebt. Ich kann mich nur zutiefst und demütig dafür bedanken:

„Lieber Gott, danke, dass du dein Versprechen wahrgemacht hast, dass du tief und fest in meinem Herzen verankert bist und dass du mir die Möglichkeit gibst, wenn immer ich wirklich will, dich auch finden kann. Danke und ich liebe dich von ganzem Herzen und mit meiner ganzen Kraft und mit meinem ganzen Denken und aus tiefster Seele."

9
Wünschen oder dem Herzen folgen?

Ihr begehrt und habt nichts; ihr tötet und neidet und könnt nichts erlangen; ihr streitet und führt Krieg. Ihr habt nichts, weil ihr nicht bittet; ihr bittet und empfangt nichts, weil ihr übel bittet, um es in euren Lüsten zu vergeuden.

Jak 4,2-3

Was bedeutet es zu wünschen, einen Wunsch zu haben? Um etwas zu bitten?

Für mich gibt es nur zwei Arten des Wunsches und zwei Arten der Bitte.

Die erste Art des Wunsches kommt aus der Tiefe des Herzens, dem Urgrund der Seele. Es ist die Bitte, Gott von ganzem Herzen und mit ganzer Seele finden zu wollen, ihm dienen zu dürfen.

Der tiefe Wunsch danach, wahrhaften Frieden im Herzen, wahrhaftige Ruhe im Denken und Fühlen zu erhalten. Ich meine damit nicht die kurzweilige Freude oder die kurzweilige Ruhe, wie sie vielleicht bei einer schönen Tasse Kaffee auf einer Sonnenterasse gefühlt wird. Ich meine einen Frieden, der ganz persönlich im Herzen fühlbar ist. Einen Frieden, der ewiglich Sicherheit, Vertrauen und ein inneres Wissen gibt.

Als mein Herz und meine Seele zum ersten Mal von diesem Frieden berührt wurden, da kehrte Stille ein. Es ist so, als wäre ich nach einer langen Reise endlich wieder zu Hause angekommen. Es tut so gut, in dieser bekannten Umgebung zu sein, das Suchen hat aufgehört.

Bevor mein Herz zu diesem Frieden geführt wurde, entfachte sich in mir ein inneres, tiefes, brennendes Verlangen danach, Gott finden zu müssen. Ich habe es mir so sehr gewünscht und je näher ich ihm entgegenkomme, desto größer wird das innere Brennen; wundervoll.

„Wünsche dir, die Tugenden in deinem Leben zu stärken. Wünsche dir, das Leben, Gott selbst, möge dir in deinem Herzen Frieden, Sanftmut, Fülle, Güte, Dankbarkeit, Freude, Wissen, Klarheit, die Fähigkeit zu lieben, die Kraft der Konzentration und die Fähigkeit zu vergeben schenken."

Je ernster du es meinst, je entschlossener du mit deinem Wunsch bist, desto sicherer kannst du sein, dass sich dein Herzenswunsch erfüllt.

Ich habe das Gebet von Bruder Clausen oft von Tränen überwältigt, auf dem Boden liegend gebetet. In mir war so eine große Sehnsucht danach, ein so tiefes Verlangen, die Wahrheit, die in diesem Gebt verborgen liegt, in meinem Herzen erfüllt zu wissen. Mit meiner ganzen Kraft habe ich Gott gebetet, er möge mir diese Bitte erfüllen.

Eine Zeit lang habe ich über den Sinn des Gebets meditiert, nachgedacht und dann von Herzen gewünscht, es möge sich in mir offenbaren.

Bruder Clausen Gebet:

Mein Herr und mein Gott,
nimm alles von mir,
was mich hindert zu dir.
Mein Herr und mein Gott,
gib alles mir,
was mich fördert zu dir.
Mein Herr und mein Gott,
nimm mich mir
und gib mich ganz zu eigen dir.

Auf diese Art zu wünschen öffnete sich noch mehr Sehnsucht in mir. Sehnsucht, weitere Tugenden in mir zu offenbaren. Ich wünschte auch, das Gebet von Franz von Assisi möge sich in meinem Herzen erfüllen. Vor allem der Passus „Lass mich sterben, um zu leben. Lass alles in mir sterben, lieber Gott, dass du nicht bist".

Ich meine damit nicht den physischen Tod, sondern das Ego, das Üble in mir.

„Lass das Ego mit all seinen Ängsten in mir sterben, damit ich leben kann, um deine wahren Freuden zu leben."

„Nimm mich mir und gib mich ganz zu eigen dir." Was für eine Erleichterung.

Tief und tiefer bat ich Gott darum, mir die Weisheit, die in diesem Gebet verborgen liegt, zu offenbaren und das Offenbarte in meinem Herzen zu erfüllen.

Auf Knien betend und mit Tränen in den Augen blickte ich in den Himmel und bat ihn in meinem Herzen, er möge meinen Wunsch erhören.

... ich sterbe täglich ...   *1. Korinther 15,31*

Es war dann im Herbst 2010, als ich „das Wissen, die Nähe zu Gott" von Maya erhielt.

Ab diesem Tag begann sich der Frieden in mir auszubreiten, das war das Ende der Suche.

Es war so, als hätte jemand die erloschene Kerze in meinem Herzen wieder angezündet. So ist es auch wohl.

Der Frieden war da. Durch ihn wurde mir aber auch bewusst, dass es noch vieles in mir zu verändern gab. Im Grunde wurde mir durch den Frieden erst bewusst, was alles in mir nicht stimmte.

Intuitiv wünschte ich mir, die Tugenden zum Ausdruck bringen zu dürfen.

Das Herz kennt die Sehnsucht der Seele, sich wieder mit Gott – dem Leben – zu vereinen. Mit großem Vertrauen bat ich in der Tiefe meines Herzens, mehr geben zu dürfen. Auf eine so wundersame sanfte Weise erfüllt sich alles.

Das Ringen um Güte

Richte deinen Geist auf Mich, sei Mir ergeben, opfere Mir und verneige dich vor Mir. Du wirst zu mir gelangen; wahrlich. Ich gebe dir das Versprechen, (denn) du bist Mir lieb.

Bhagavad Gita, XVIII-65

Über Wochen und Monate habe ich Gott dann angefleht, er möge mir gestatten, gütiger zu sein. Nur ein wenig mehr Güte wollte ich haben. Eines Abends saß ich da und schaute in mein Herz. Ich konnte sehr gut sehen, wie ich mich und andere im Laufe dieses Tages verletzte. Verletzungen, ausgeführt durch Worte, Taten und Gefühle. Es brannte in meinem Herzen, und es tat mir so weh, dass ich noch immer verletzte. Ich hatte nur den einen Wunsch, mehr Güte geben zu dürfen. Ich wünschte mir so sehr, dass die ewigen Verletzungen aufhörten.

Ich nahm mir fest vor, am nächsten Tag gütiger zu sein. Jeden Morgen und so oft ich konnte während des Tages erinnerte ich mich an mein Vorhaben, mehr von ihr leben zu wollen, zu mir selbst und zu anderen. Güte ist eine so wundervolle Tugend. Sie zwingt dich zur Ruhe, zur Besonnenheit, sie zwingt dich, friedfertig zu handeln.

Was passierte? Aufgrund meines tiefen Herzenswunsches wurde mir bewusst, wie wenig ich bisher Güte zum Ausdruck gebracht hatte. Ich bemerkte während des Tages, wie wenig sich die Menschen von dieser wundervollen Tugend gegenseitig zukommen ließen, wie hart und grob die Menschen mit sich umgehen.

Eine Verletzung folgt der anderen, das erschrak mich und spornte mich gleichzeitig an, noch mehr zu geben, noch gütiger und sanftmütiger zu sein. Es ist wundervoll, wie Gott auf solche tiefen Herzenswünsche reagiert. Er steigert einfach das Mitgefühl und das große Verlangen, Verletzungen zu heilen, in sich und in anderen.

Mein Fokus, in Bezug auf Wünsche des materiellen Lebens, war komplett ausgeblendet. In allem, was ich tat, kämpfte ich darum, mitfühlender und gütiger zu sein. Ich weiß nicht mehr, ob es Tage oder Wochen waren, in denen ich damit beschäftigt war, mehr Güte und Frieden leben zu wollen. Alles richtete sich nur darauf aus, Gutes zu tun.

Ich konnte selbstverständlich nicht anders, als ständig meine Reaktionen an Gefühlen und Gedanken zu beobachten. Versuch mal, alles, was dir im Laufe eines Tages begegnet, mit Güte zu betrachten. Du wirst dabei sehr schnell feststellen, wo es überall klemmt. Das genau ist der Segen. Die Möglichkeit, die Verletzungen zu erkennen und eine neue Handlungsweise, eine neue Gewohnheit zu entwickeln, neu auf Gegebenheiten zu reagieren. Alle Gefühle, die innerlich reizten oder verletzten. Momente, die mir Aufregung, Nervosität oder was auch immer abverlangten, ich versuchte grundsätzlich mir selbst und allen anderen Güte entgegenzubringen.

Wie oft saß ich kniend vor meinem kleinen Altar und habe Gott angefleht, er möge mir diese Kraft schenken.

Die Tugend der Güte ist es wert, gewünscht zu werden. Das Besondere daran ist, sobald du wieder beginnst Werte zu leben — wie gütiger, barmherziger, ruhiger, liebevoller, wertschätzender, hilfsbereiter zu dir und zu anderen zu sein —, das Leben dir dann auch entsprechend gütig begegnet.

Was passiert, wenn du dir diese Art des Wünschens zu eigen machst?

Zum einen stirbt jeden Tag etwas Angst in dir und zum anderen bittest du die Ewigkeit, die Kraft Gottes in deinem Herzen darum, sie möge dir Frieden bringen.

Kein Vater kann seinem Kind eine Bitte abschlagen, die aus dem Herzen kommt.

Wenn alle Planeten und alle Sterne aller Galaxien im gesamten Universum nur aus Blumen bestünden, würde es nicht ausreichen, die Schönheit zu beschreiben, die der Frieden mit sich bringt. Wie sehr sehnt sich dein Herz nach diesem Frieden?

Prem Rawat „Maharaji"[14] kam mit 15 Jahren in die USA. Als er dort in einem Interview gefragt wurde, ob er reich sei, antwortete er:

„Ich bin absolut reich, ich bin wahrscheinlich der reichste Mensch auf Erden. Warum? Weil du kein Geld brauchst, um reich zu sein, reich im Herzen zu sein, das macht den Unterschied."

Bild 40: Wünsche aus dem Herzen und du erhältst die Kraft im vermeintlichen Außen. Du spürst dein Herz

Bete tief im Herzen dein persönliches Gebet.

---

14 Prem Rawat sprach bereits im Alter von vier Jahren über den Frieden und die Liebe im Herzen der Menschen. Er bietet, wie er selbst sagt, ein „Know-how" an, das es jedem Menschen ermöglicht, Frieden im Inneren zu erfahren und zu leben, er nennt es „das Wissen".

Wünsche dir den Reichtum Gottes, seine Wahrheit möge in deinem Herzen Erfüllung finden und du erhältst alles.

Am Herzen vorbei wünschen

Ihr begehrt und habt nichts; ihr tötet und neidet und könnt nichts erlangen; ihr streitet und führt Krieg. Ihr habt nichts, weil ihr nicht bittet; ihr bittet und empfangt nichts, weil ihr übel bittet, um es in euren Lüsten zu vergeuden. Jak 4,2-3

Ich möchte dir jetzt die <u>zweite</u> Art des Wünschens vorstellen.

Die zweite Art zu wünschen bezieht sich auf alles, was <u>nicht</u> dem Wunsch des Herzens nach Frieden entspricht. Bei dieser Art des Wünschens handelt es sich um Dinge, die du in dein Leben holen möchtest, um dir das Leben zu erleichtern. Dinge, von denen dein Ego glaubt, dass sie dich glücklich machen.

Geld, Urlaub, Auto, den perfekten Partner, Gesundheit, die perfekte Arbeit, ein tolles Haus, einen super Computer, ein schönes Smartphone, ein Haus in der Karibik und ... und ... und. Das Fass der offenen Wünsche ist maßlos und ein Fass ohne Boden. Es ist das Ego, das dir vorgaukelt, durch Wunscherfüllung kannst du wahrhaften Frieden finden. Es nutzt dazu den Trieb der unersättlichen Gier in dir. Es verführt dich damit und gibt dir immer das Gefühl, sobald du dieses oder jenes bekommen hast, geht es dir gut.

Vielleicht kennst du das: Gerade erst hast du den neuen Fernseher bekommen. Dann hörst du von deinem Nachbarn, dass er bereits das bessere Modell besitzt. Gerade erst hast du das neue Auto gekauft und fährst damit eine Weile, dann kommt es dir in den Sinn, ein Cabriolet wäre auch nicht schlecht. Gerade erst hast du deinen neuen Job angetreten, da meinst du, etwas mehr Geld hätte es auch getan. Deine Freundin erzählt dir, dass sie mit ihrem Freund in die Karibik fährt, und plötzlich willst du das auch.

Das Ego ist ein gerissener Dieb des Herzens und der Seele. Durch den inneren Antrieb an Mangel und Wunschdenken treibt es dich vor sich her. Es ist wie mit der Möhre und dem Esel. Der Esel läuft und läuft, weil er nur die Möhre will. Er merkt dabei nicht, dass sie ihm vorgebunden wurde. Bis zum Tode wird er rennen und dennoch nichts erhalten. Das Ego lässt dir keine Zeit zu atmen. Es macht dich nervös, unruhig und im besten Falle krank. Der dauernde Antrieb, etwas haben zu wollen, ist eine der größten Geiseln der Menschheit. Dein Denken und Fühlen ist daran gekoppelt, immer etwas haben zu wollen. Überdenk mal, was du alles haben willst. Worauf ist dein Wollen ausgerichtet? Nimm dir mal die Zeit und schreibe auf einen Zettel, was du alles willst oder brauchst, um glücklich zu sein.

Ich meine auch solche Themen, wie den Wunsch zu heilen oder einfach nur viel Geld zu haben. Was auch immer, schreibe mal alles auf. Untersuche mal dein Wollen ganz genau. Nachdem du alles auf einen Zettel geschrieben hast, frage dich, was von alledem Liebe ist. Was von alledem gibt dir wahrhaftigen und dauerhaften Frieden im Herzen? Mal angenommen, du könntest durch eine Glaskugel in die Ursache deines Wunsches schauen. Du würdest sehen, dass der Wunsch, zum Beispiel nach einem für dich perfekten Partner, bestimmte Gefühle befriedigen soll.

Vielleicht der Wunsch nach Zärtlichkeit, der Wunsch nach Zweisamkeit, der Wunsch nach Sexualität, der Wunsch nach Sinnlichkeit, der Wunsch nach Sicherheit, der Wunsch, eine Familie zu gründen, der Wunsch, verstanden zu werden, um nur einige zu nennen. Was sagen dir diese Gefühle? Was liegt hinter diesen Gefühlen des Wünschens? Es liegen deine Verletzungen dahinter, deine Ängste. In Wahrheit ist es der innige Wunsch des Herzens nach Heilung.

Nehmen wir mal den Wunsch nach Zärtlichkeit. Also der neue Partner soll jetzt in Wahrheit die Wunden des Mangels an Zärtlichkeit schließen. Unbewusst wird von dem neuen Partner Folgendes gefordert: „Sei sooo zärtlich wie nur irgendwie möglich zu mir. Sei so zärtlich zu mir, dass all meine Verletzungen heilen. Ich bin tief verletzt worden und benötige dich jetzt, um mit deiner Zärtlichkeit zu heilen." Ich glaube, jeder neue Partner bekommt Panik, wenn er das zum ersten Mal spürt. Und spüren wird er es früher oder später, denn in dem Wunsch nach Zärtlichkeit liegt der Drang nach Hilfe, nach Heilung.

Jeder, der einen Partner hat, weiß auch, dass er im Laufe der Zeit auch auf den unaufgeräumten Keller des Partners treffen wird. Dann spürst du plötzlich den Schmerz des anderen, und es geht dir nicht mehr so gut.

Vielleicht lässt der oder die Neue die Zahnbürste liegen, schnarcht, schaut nur Fußball oder sonst was. Du kannst ganz sicher sein, du wirst mit der Zeit Dinge feststellen an deinem „neuen" Partner, Verhaltensweisen, die dir das Gefühl von Unzufriedenheit geben werden. Es ist aber nicht der neue Partner, der dich unzufrieden sein lässt. Es ist dein unerfüllter Wunsch nach Heilung im Herzen. Dein Partner konnte deinen unbewussten Wunsch nach Heilung nicht erfüllen, und damit geht das Spiel von vorne los. Du suchst dir den nächsten perfekten Partner.

Das Ego vermittelt dir jetzt das Gefühl, wenn du den richtigen Partner gefunden hast, dann wirst du geheilt. Das Ego ist so unehrlich, dass man nur vergeben kann. Es versucht mit allen Mitteln zu verhindern, dass du dir deiner Verletztheit bewusst wirst. Mit nicht endenden neuen Wünschen und Versprechungen der Freude zieht, verführt, es dich immer mehr in die Verstrickungen der Gier und der endlosen Wunschbefriedigung. Jeder Wunsch, ohne Gott im Herzen zu berücksichtigen, bringt eine Enttäuschung mit sich!! Nichts, außer Gott selbst, kann in dieser Welt dein Herz dauerhaft erfüllen, auch kein Mensch.

Wünsche dir die Liebe Gottes im Herzen, damit du mehr Liebe geben kannst.

Was bringt es dir, wenn du manifestieren kannst, aber die Liebe im Herzen nicht trägst?

Was bringt es dir, wenn du heilen kannst, aber die Liebe in deinem Herzen nicht trägst?

Wünsche dir Reichtum, damit du anderen Menschen helfen kannst.

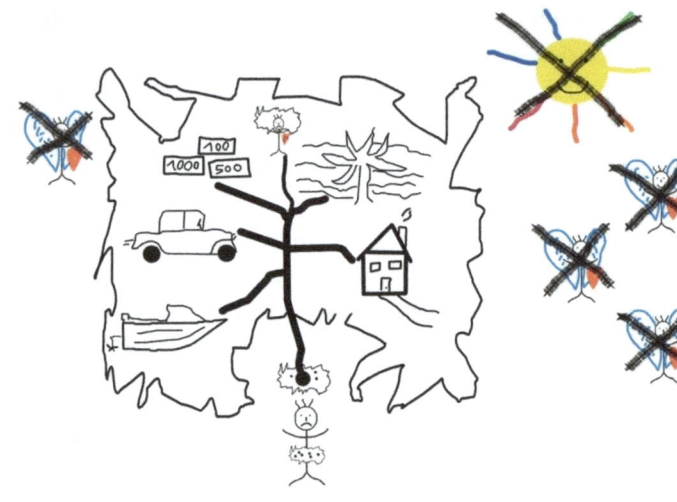

Bild 41: Die Wünsche des Egos lenken vom Herzen ab

Ja, du kannst dir alles in dein Leben holen. Was auch immer du möchtest, aber was bringt es, wenn du dabei die Liebe, den Frieden, dein Herz, deine Seele nicht spüren kannst?

Du kannst erlernen, alles zu manifestieren, was auch immer du willst. Darüber wurden viele Bücher geschrieben und es ist wahr, wenn du wirklich weißt, wie es geht, ist es möglich, aber was bringt dir das? Was, wenn du alle die Dinge dieser Welt manifestieren kannst: Macht, Geld, der neue Partner, die Reise, ein neuer Job, was auch immer es sein wird – macht es dich dann wirklich frei?

Was hat deine Seele davon? Hat sie irgendeinen Nutzen dadurch?

Was können all die Bücher über Wunscherfüllung dir nicht versprechen? In keinem Buch steht, wie du den Frieden in deinem Herzen manifestierst. Kein Buch kann dir das Manifestieren beibringen, dein Herz und deine Seele zu vereinen, deine Seele zu heilen, deine Seele zu fühlen, denn dieses kommt direkt von Gott. Und erst dann, wenn er dir seine Gnade erweist, wirst du es erfahren.

Vielleicht steht deshalb in der Bhagavad Gita 4.19:

Wer in allen Handlungen frei von Verlangen nach Sinnesbefriedigung ist, gründet in vollkommenem Wissen. Die Weisen nennen ihn einen Handelnden, dessen fruchtbringende Arbeit vom Feuer des vollkommenen Wissens verzehrt ist.

Wie bereits erwähnt, zu wünschen ist weder schlecht noch gut. Es ist eine Möglichkeit, sich das Leben zu erleichtern, sofern ein Mensch in der Lage ist, alle Eventualitäten eines Wunsches zu berücksichtigen.

Für mich persönlich reicht das nicht aus, ich wollte immer alles. Ein Freund sagte immer: „Schwarz oder Weiß, barfuß oder Lackschuh." So sehe ich es auch. Für die Liebe mache ich keine Kompromisse. Es ist das Ego, das immer und immer wieder die Bedürfnisse und Wünsche nutzt, um dich von deinem Herzen, der einzigen Wahrheit, dem absoluten Frieden, wegzubringen. So lässt es dich auch glauben, wenn du manifestieren kannst, wirst du den Frieden finden. Durch die Bedingungen an die Welt kannst du keinen wahrhaften Frieden finden.

Der Frieden in der Welt ist immer an Bedingungen geknüpft:
Wenn die Sonne scheint, geht es mir gut …
Wenn du mir geholfen hättest, wäre es mir gutgegangen …

Wenn ich doch nur mehr Geld hätte, dann ginge es mir gut …
Wenn ich nur gesund wäre …
Wenn ich den neuen Job habe, geht es mir gut …
Wenn du nur deinen Teller vom Tisch räumen würdest, würde es mir helfen, ruhiger zu werden.
Wenn du nur etwas friedlicher wärst, dann würde es auch mir bessergehen.
Wenn du mir nur etwas mehr Aufmerksamkeit schenken würdest, dann ginge es mir besser.
Wenn die Menschen nur liebevoller wären, dann …
Wenn ich den richtigen Partner habe, dann …

Du musst immer etwas tun oder du erwartest immer etwas von anderen oder von Dingen, damit es dir gut geht. Was fehlt bei dieser Art des Wünschens? Es fehlt der aufrichtige Wunsch, die Stimme des Herzens hören zu wollen.

Wenn ich mit Menschen- und Engelszungen redete,
hätte aber die Liebe nicht, so wäre ich nur ein tönendes Erz oder eine gellende Zimbel.
Und wenn ich die Prophetengabe hätte und alle Geheimnisse durchschaute und alle Erkenntnis besäße,
und wenn ich allen Glauben hätte, so dass ich Berge versetzte,
hätte aber die Liebe nicht, so wäre ich nichts.
Und wenn ich meinen ganzen Besitz den Armen zuteilte
und wenn ich meinen Leib den Flammen preisgäbe,
hätte aber die Liebe nicht, so nützte es mir nichts.
Die Liebe ist langmütig, die Liebe ist gütig, die Liebe ist nicht eifersüchtig.
Sie prahlt nicht, überhebt sich nicht, sie handelt nicht unschicklich, sucht nicht das ihre, kennt keine Erbitterung, trägt das Böse nicht nach.
Am Unrecht hat sie kein Gefallen, freut sich aber an der Wahrheit. Alles erträgt sie, alles glaubt, alles erhofft sie, alles erduldet sie.

Die Liebe hört niemals auf;

Prophetengaben verschwinden,

Sprachengaben hören auf,

Erkenntnis vergeht.

Denn Stückwerk ist unser Erkennen,

Stückwerk unser Prophezeien.

Kommt aber das Vollkommene,

vergeht das Stückwerk.

Als ich ein Kind war, redete ich wie ein Kind, dachte ich wie ein Kind, urteilte ich wie ein Kind. Als ich ein Mann geworden war, legte ich das kindhafte ab.

Jetzt schauen wir durch einen Spiegel, unklar,

dann aber von Angesicht zu Angesicht.

Noch ist mein Erkennen Stückwerk,

dann aber werde ich erkennen,

wie auch ich erkannt worden bin.

Für jetzt bleiben Glaube, Hoffnung und Liebe, diese drei.

Am höchsten aber steht die Liebe.

1. Korinther 13:1-13

Es ist in jedem Augenblick des Lebens eine Entscheidung zu treffen: Liebe und Frieden im Herzen oder Unruhe, Gier, Werten und Urteilen fühlen.

10
Die Reformation des Herzens

Wenn wir aber unsere Verfehlungen eingestehen, können wir damit rechnen, dass Gott treu und gerecht ist: Er wird uns dann unsere Verfehlungen vergeben und uns von aller Schuld reinigen. 1. Joh. 1.9

Ich unterhielt mich vor einiger Zeit mit einem mir sehr lieben Menschen. Er lief mit der Bibel in der Hand umher und las bei den Thessalonichern die Briefe von Paulus. Ich fragte ihn interessiert, was er da so lesen würde.

Er schaute mich mit einem etwas wirren Blick an. Ich konnte eine tiefe Aggression wahrnehmen. Sehr ungehalten und fast wütend teilte er mir mit, dass er die Briefe des Paulus lese, damit er ihn besser verurteilen könne. Er war sehr aufgebracht über die Lehre des neuen Testamentes und der darin enthaltenen Worte der Wahrheit.

Er fragte mich: „Wie können denn diese Texte dabei helfen, Kindern oder Menschen, Verständnis zu erlangen? Gibt es denn irgendeinen Beweis dafür, dass diese Worte überhaupt eine Grundlage sind?"

Er führte irgendeinen Krieg gegen die Kirche. Offensichtlich einen Krieg gegen die Kirche in seinem Herzen. Er stellte alles in Frage und somit auf den Prüfstand. Es ist sehr wohl notwendig, alte und neue Schriften mit dem Herzen zu prüfen. Wir können nicht mit Bestimmtheit sagen, dass alle überlieferten Texte den damaligen Gegebenheiten entsprachen. Eines ist absolut sicher: Sobald die Rose in deinem Garten, in der Mitte deiner Brust, in deinem Herzen erblüht, sobald du diese Zartheit und diese Freude wahrnimmst, beginnst du auch die heiligen Schriften zu verstehen.

Du hörst mit deinen Ohren, du riechst mit deiner Nase und erkennst die Offenbarung zwischen den Zeilen dieser Worte. Etwas in deinem Bewusstsein verändert sich dann und deine Wahrnehmung ist bereit für den verführerischen Duft des Herzens, des Lebens, der Wahrheit in den Schriften.

Ich konnte erkennen, wie diese Zartheit und Wahrheit ihn schmerzlich an seine Verletzungen erinnerte. Etwas in seinem Herzen war vollkommen bewusst, dass in den Worten Jesus Christus die Wahrheit zu finden ist. Auf der anderen Seite fühlte er aber auch seinen unbewussten Schmerz. Dieser war so groß, dass er es nicht aushalten konnte, diesem entgegenzutreten, zumal er sich nicht bewusst war, wann oder wodurch er diese Verletzungen gemacht hatte. Ich fühlte sofort, dass die Verletzungen in seiner Kindheit lagen und dass seine Mutter einen Anteil daran trug. (Sie hatte daran keine Schuld, denn sie konnte nur ihre eigenen Erfahrungen weitergeben.)

Sein tiefer Wunsch nach bedingungsloser Liebe, ewiglich andauernder Zärtlichkeit und wahrem Frieden konnte nicht erfüllt werden, jetzt stand seine Verletzung den Worten der Liebe gegenüber. Er wollte nun die Kirche reformieren und es allen in seiner Gemeinde zeigen. Er wollte ihnen verständlich machen, dass das Geschriebene nicht die Wahrheit sein kann. Seine Verletzungen wandelten sich in Hass und Wut. Unbewusst sagte er zu mir: „Die Worte der Wahrheit sind so schön, aber ich kann sie nicht verstehen. Ich fühle etwas ganz anderes. Mein Verstand sagt mir, dass ich Schmerz und Verlust, Einsamkeit, Ohnmacht und Hilflosigkeit fühle, aber keine Liebe."

Mit ganz viel Liebe schaute ich ihn an und fragte ihn: „Warum willst du nicht damit beginnen, dein eigenes Herz zu reformieren?" Ich konnte spüren, wie meine Aussage ihn unbewusst noch mehr an seine Verletzungen erinnerte. Sofort kamen Gegenargumente, weshalb es nicht notwendig sei, in seinem eigenen Inneren zu beginnen. Es war für ihn unmöglich, sich selbst mit Liebe und Wärme im Herzen zu begegnen.

Einige seiner Äußerungen zeigten mir, wie tief Schmerz und Leid sich in ihn eingebrannt hatten, mit welcher Hartherzigkeit er gegen sich selbst in den Krieg zog und alles verteidigte, was ihn an seinen Schmerz erinnerte. Die Angst hatte das Heft in der Hand. Das Ego spielte seine eigene Ouvertüre, und er konnte es nicht erkennen, weil er keine Ohren hatte, um zu hören, und keine Augen, um die Wahrheit zu sehen. Die Wahrheit darin zu erkennen, sein eigenes Herz zu reformieren, und dass in dieser Reformation die eigentliche Lösung liegt. Was ist die Reformation des eigenen Herzens, die Läuterung?

Das eigene Herz läutern

Die Läuterung beginnt damit, sich einzugestehen, verletzt worden zu sein.

Unbewusst sagt das Ego, Gott oder das Leben würde an allen Verletzungen die Schuld tragen und wie man denn so etwas verzeihen könne. Das Ego sagt, der Vater im Himmel oder die himmlische Mutter, das Leben – Gott – hat dich betrogen und belogen und lässt dich jetzt wie eine heiße Kartoffel fallen. Das Ego kennt nur die Gefühle von Angst und Schrecken und sucht darin den Beweis für Liebe. Das ist nicht möglich.

Die Läuterung beginnt, sobald du das Verständnis dafür aufbringst, dass Gott, das Leben, dich unendlich liebt. Seit Äonen von Zeiten verfolgt das Leben fürsorglich und voller barmherziger Güte alle deine Schritte. Es ist das Leben, das sich so sehr danach sehnt, dein Herz zu berühren. Läuterung beginnt, indem du das Leben um Verzeihung bittest. Du bittest das Leben um Verzeihung und Vergebung dafür, dass du all die fürsorgliche Liebe und den Herzschmerz des göttlichen Vaters und der himmlischen Mutter nicht erkannt hast. Du bittest um Verzeihung dafür, dass du starr und kalt an der Vernichtung der Zärtlichkeit in deinem Herzen gearbeitet hast. Zärtlichkeit, die dir das Leben geschenkt hat.

Bitte das Leben – Gott – um Vergebung dafür, dass er dir immer seine Hände aufhält und du es nicht siehst. Die Läuterung des Herzens beginnt, indem du erkennst, dass du dich dem Leben gegenüber ungerecht verhalten hast, dass du dem Leben den Rücken zugekehrt hast. Nicht nur dem Leben, welches du nur mit deinen inneren Augen sehen kannst, nein, auch dem Leben im Außen: Der Sonne, den Pflanzen, den Blumen, dem Regen, dem Wald, dem Wasser, dem Feuer. Wie oft hast du dein Gesicht in die Sonne gehalten und dich wärmen lassen? Erinnere dich einmal daran, wie gut es nicht nur deinem Gesicht getan hat, die Wärme zu fühlen. Wie oft hat es auch in deinem Herzen Wärme entfacht? Nach einem kalten Tag im Freien bist du am Abend nach Hause gekommen, der Kamin knisterte oder die Heizung war wohlig warm und du hast einen Tee getrunken. Ist es nicht ein wohliges Gefühl, gewärmt zu werden und am Leben zu sein? Das Leben hat dir den Raum und die Zeit gegeben, das jederzeit zu erkennen. Es bietet dir in jedem Moment die Möglichkeit an, umzukehren. Die Umkehr, in der du beginnst, das Leben – Gott – für deine Taten und Handlungen aus diesem und aus vielen anderen Leben um Vergebung zu bitten.

Bitte das Leben um Vergebung dafür, dass du ihm, dem Leben selbst, nicht mit deinem Herzen und deiner Seele begegnest. Gedanken und Worte der Verletzung und der Einsamkeit haben dich gezwungen, dem Leben mit Kälte zu begegnen. Vielleicht ist es sogar so kalt in dir, dass du dir dessen nicht mal bewusst bist. Läutere dein Herz und bitte das Leben – Gott – um Vergebung.

Er weiß sehr wohl, was du mitgemacht hast. Erfüllt von Barmherzigkeit und Güte blickt er auf dich und lässt dich mit deinem freien Willen walten, so wie du es möchtest. Die Vergebung wird in dem Maße gewährt werden, wie du das Leben – Gott – für deine kleinen und deine vermeintlich großen Fehler um Vergebung bittest.

Es ist dein unbewusster Schmerz und jedes Gefühl der inneren Unruhe, das dich an deine Peiniger, deine Schuldiger erinnert. Es erinnert dich auch an die Dinge, die du getan hast, um dich zu rächen. Rache in Form von Gewalt, Rache in Form von Gedanken, Rache in Form von Taten, die nicht aus dem Herzen kamen. Du hast dich gegen das Leben gestellt, und es sind deine Gefühle von Verletzung und Angst, die dich jetzt peinigen.

Während eines Seminars war eine Frau, ich nenne sie hier einmal Petra, anwesend, die mir am ersten Tag gleich mehrmals ins Bewusstsein kam. Ich spürte eine innere Unruhe und ein starkes Aufbäumen in ihr. In meinen Seminaren kommt es immer mal wieder vor, dass Menschen beginnen zu rebellieren oder auch mein Seminar verlassen. Sie spüren dann meistens, dass es nun um tiefgreifende Vergebung und Lösung von alten, unangenehmen Dingen geht. Sie sind dann einfach noch nicht bereit zu vergeben. Für mich ist das keine Ursache, ich habe dafür volles Verständnis, kenne ich doch den tiefen Prozess der Vergebung zu gut.

Häufig ist es auch so, dass diese Personen sich dann meist destruktiv äußern und auch versuchen, die Gruppe zu verunsichern. Das Negative beginnt, sich mit Händen und Füßen gegen die Vergebung zu wehren. Einmal bot ich den Teilnehmern eines Seminars an, ein tiefes, sehr persönliches Gebet zu sprechen. Ich wollte ihnen ein Gefühl dafür geben, wie ich mit Gott in meinem Herzen spreche. In tiefer Verbundenheit sprach ich das Gebet. Ich konnte fühlen, wie sehr die Herzen der Teilnehmer davon berührt wurden. Dann plötzlich, mitten in dem Gebet, fing eine Frau lautstark an zu schimpfen. Sie äußerte sich wütend darüber, was für ein anmaßendes Gebet das wäre. Wir saßen alle mit verschlossenen Augen da, hielten uns an den Händen und beteten, während die Dame begann, ihre innere Unruhe lautstark zum Ausdruck zu bringen. Ich ließ mich nicht beirren und betete zu Ende.

Nach der Pause kam sie nicht wieder. Aber sie schrieb mir einen Brief und entschuldigte sich dafür. Es ist schon herausfordernd, wie sehr nur ein Gebet ein Herz in Bewegung setzen kann, das nicht bereit ist, die Umkehr anzutreten.

Bei Petra war es aber anders. Am ersten Tag machte sie gut mit, ließ sich auf alles ein, und wir kamen schon an tiefe, alte Verletzungen. In den Meditationen und Heilübungen können das Herz und die Seele in dem Maße berührt werden, wie Gott es erlaubt. Das spürt auch der Teilnehmer und Vergebung ist eben eine Herzenssache. In dem Maße, wie der Teilnehmer bereit ist, loszulassen, und Gott es erlaubt, wird Milde gewährt. Das wird selbstverständlich immer mit eigenen Prozessen begleitet. Am nächsten Tag fing Petra gleich zu Beginn des Seminars an, sehr provokant zu sein. Sie unterließ es nicht, die Gruppe zu stören. Aggressiv und voller Wut begann sie sich zu äußern. Es war offensichtlich, dass sich etwas in ihr verändert hatte. Ich konnte erkennen, dass ihr Schmerz durch den Vortag mehr und mehr offengelegt wurde. Er war für sie deutlicher spürbar, und sie konnte nicht damit umgehen. Also richtete sich die Verletzung ihres Lebens in Form von Aggression gegen mich. Ich blieb in meiner Mitte und brachte all meine Liebe und Geduld auf, um mich nicht von der negativen Kraft berühren zu lassen. Während der Mittagspause und dem gemeinsamen Essen saß sie an einem Nachbartisch und verurteilte meine Übungen und meine Aussagen. Ihr innerer Schmerz war riesig.

Am Nachmittag mied sie eine gemeinsame Übung und verließ den Raum. Sie verbreitete sehr viel Unruhe. Dann stand sie wieder auf und ging zum WC.

Einige Minuten später wühlte sie laut in ihrer Handtasche, um kurz darauf wieder den Raum zu verlassen. Sie fühlte offensichtlich, dass es jetzt um ihr Eingemachtes ging.

Ich wusste zu diesem Zeitpunkt noch nicht, wie tief ihre Verletzungen waren. Sie hatte einiges auf sich genommen, um es in diesem Leben abzuarbeiten.

Die letzte Meditation an diesem Tage war sehr tiefgreifend, und ich konnte sehen, wie sie mit verschlossenen Augen begann, mit sich zu ringen. Ich flüsterte ihr ins Ohr, sie möge nun allem, was ihr begegnen würde, vergeben. Sie antwortete mir, ja, das werde sie tun. Ich flüsterte ihr weiter zu, sie möge Gott um Vergebung bitten. Sie nickte mit verschlossenen Augen. Während der ganzen Zeit bat auch ich Gott um Vergebung für sie. Nach der intensiven Heilmeditation war sie wie ausgewechselt.

Sie erzählte mir, dass plötzlich ihre Zungenspitze und ihr Gaumen anfingen zu prickeln. Dann sah sie ein weißes Licht, das wie ein Wasserfall auf sie niederregnete.

Kurz nachdem dieses passiert war, konnte sie das erst Mal Mutterliebe in ihrem Herzen fühlen. Sie war völlig aus dem Häuschen und entschuldigte sich bei mir für ihr vorangegangenes Verhalten. Gleichzeitig bedankte sie sich für meine Geduld mit ihr.

Sie strahlte über das ganze Gesicht. Mutterliebe zu erfahren hatte ihr Herz ein wenig geläutert. Sie hat gerungen und gekämpft, aber sie hatte ihre Monster besiegt, indem Sie das Leben um Vergebung gebeten hatte. Sie hatte es geschafft, Gott, das Leben, im Herzen um Vergebung zu bitten. Auch machte sie eine mystische Erfahrung. Dadurch kann sie jetzt wieder mehr fühlen und ist bereit, dem Leben freundlicher zu begegnen. Sie konnte ihren Peinigern vergeben und Gott um seine Liebe bitten.

Jetzt ist sie in der Lage, die nächste Schicht abzutragen, aber vor allem hat sie ein wenig Ballast verloren. Sie kann dem Leben auch wieder mit einem Lächeln mehr im Herzen begegnen. Wie schön die Vergebung doch ist.

Was für ein Geschenk.

11
Frieden im Herzen

Lieber Gott, sollte ich heute irgendjemanden verletzt haben mit Gedanken, mit Gefühlen, mit Worten, mit Taten oder Handlungen und noch viel mehr, sollte ich mich selbst mit Gedanken, mit Gefühlen, mit Worten oder Taten verletzt haben, so bitte ich um Vergebung. Ich mache das nur, weil ich deinen Frieden in meinem Herzen noch nicht fühle. Ich verletze nur, weil ich deinen Frieden in meinem Herzen nicht fühle.

Ich vergebe allen, die mich heute mit Gedanken, mit Worten oder mit Taten verletzt haben, ich verzeihe ihnen, denn ich weiß, sie tun es nur, weil sie deinen Frieden in ihrem Herzen nicht fühlen können. Ich bitte um Vergebung für alle Menschen, die deinen Frieden in ihrem Herzen nicht mehr fühlen. Und Vater, ich bitte dich um deine Vergebung dafür, dass ich mich und andere verletze, dass ich deinen Frieden nicht fühle.

Bitte vergib mir meine Fehler so, wie ich die Fehler der anderen vergebe. Ich vergebe die negativen und verletzenden Gedanken, Gefühle, Taten und Handlungen der anderen. Ich vergebe ihnen, denn ich weiß, ihnen fehlt es an deinem Frieden. Bitte vergib mir und schenke mir deinen Frieden, damit ich dir Freude bereiten kann. Danke.

Wie kann ich mir den Frieden vorstellen? Ich sollte besser fragen: „Wie fühlt sich Frieden an?" Als ich vor einigen Jahren begann, meine ersten Vorträge zu halten, war ich jedes Mal aufs Neue von einer völligen Leere eingehüllt. Ich hatte das Gefühl, nichts mehr zu wissen, nichts zu wissen von alledem, was ich eigentlich erzählen wollte. Ich glaube, das liegt daran, dass das Herz keine Konzepte kennt. Die Sprache des Herzens entsteht im Moment. Auch heute geht es mir noch immer so, aber ich habe mich ein wenig daran gewöhnt. Ich erinnere mich noch genau daran. Ich hatte einen Vortrag über Ho'oponopono in Nürnberg organisiert und es hatten sich etliche Teilnehmer angemeldet. Es fällt mir sehr schwer zu beschreiben, wie nervös ich war. Nervös, weil kein einziger Gedanke in mir war, der etwas hätte erklären können. Nichts war da, es war so, als hätte ich alles vergessen, was ich je in meinem Herzen erfahren hatte. Es war auch nichts mehr in meinem Kopf zu finden, das nur annähernd hätte erklären können, was ich eigentlich sagen wollte. Ich war komplett leer. Immer wieder kamen Ideen und Gedanken darüber, was ich sagen könnte, aber mir war klar, dass es das nicht war. Ich spürte zu dieser Zeit bereits, dass es mir nicht nur darum ging, etwas über das hawaiianische Vergebungsritual zu erzählen, obwohl meine Vergebungsarbeit damals damit begann. Es ging um so viel mehr. Es ging mir darum, Worte zu finden, die die Herzen der Menschen berührten. Ich wollte tief in den Herzen der Menschen etwas verändern, das war mein eigentliches Ziel.

Aber dafür gibt es nun mal kein Konzept. Ich war relativ früh in Nürnberg und hatte noch allerlei Zeit, bevor der Abend begann. Ich versuchte mich abzulenken und entschloss mich, eine Weile in einem Park spazieren zu gehen. Es war ein schöner sommerlicher Nachmittag, und ich ließ mich ohne ein bestimmtes Ziel treiben. Innerlich bat ich Gott inbrünstig darum, er möge mir die richtigen Worte in den Mund legen, damit ich den Menschen helfen konnte. Auf einer großen Wiese stand ein stattlicher, großer Baum. Intuitiv fühlte ich mich von dem Baum angezogen. Ich wollte mich mit seiner Ruhe verbinden, in seine Kraft eintauchen, damit meine wackeligen Knie sich beruhigten. Mein Verstand rebellierte immer heftiger und er versuchte mich mit den merkwürdigsten Fragen zu verunsichern.

Ich lehnte mich mit dem Rücken an den Baum und spürte die Kraft des Stammes, der tief in der Erde verwurzelt war. Ich konnte mich ein wenig beruhigen, öffnete mein Herz, legte meine Hand auf den Stamm und ließ den Baum meine Liebe spüren. Wie dankbar ich Gott war, dass er mir diese Ruhe nun schenkte. Wieder betete ich tief und bat Gott um seine Worte. Plötzlich kam mir ein Bild, eine Idee von dem, was ich am Abend zu erzählen hätte, in den Sinn, nämlich über den Unterschied zwischen einer Welt ohne Frieden im Herzen oder mit dem Frieden im Herzen zu leben. Im Frieden zu sein und dennoch am Leben teilzunehmen. Denn darum geht es.

Alle Dinge des Alltags, die es zu erledigen gilt, zu tun und dennoch im Frieden zu sein. Es ist so, als ob aus dem Frieden heraus alle Handlungen geschähen. So beginnst du zu handeln, obwohl du nicht der Handelnde bist. Es ist der Frieden, der durch dich handelt. Mir wurde in diesem Moment ein Bildnis gegeben, wie ich genau diesen Umstand erklären konnte. Ich fühlte mich gestärkt, und so ging ich, nicht ohne mich von dem Baum in Liebe zu verabschieden, Richtung Vortrag.

Die Glaskugel

Am Abend begann ich dann Folgendes den Teilnehmern zu erklären: „Stell dir einmal vor, du bist ein Sklave eines gemeinen, machthungrigen und gierigen Grundbesitzers. Diesem Grundbesitzer gehört eine Insel in der Südsee, und du bist auf dieser Insel und musst dem unberechenbaren Herrn dienen." Was ist deine Aufgabe als Sklave für diesen Menschen? Du sollst nach Perlen tauchen, tief im Ozean. Der Grundbesitzer hat nur ein Ziel, er will seine Gier befriedigen. Alle Perlen im Umkreis seiner Insel möchte er sein Eigen nennen und in seine Schatzkiste legen, um damit seiner Gier und seiner Macht Ausdruck zu verleihen. Kein Preis ist ihm dafür zu hoch. Was ihm allerdings auch nicht schwerfällt, denn der Preis sind die Menschenleben, die er dafür aufs Spiel setzt. Das Leben seiner Sklaven bedeutet ihm nicht viel.

Jetzt kommst du ins Spiel. Du bist in dieser Vorstellung einer seiner Sklaven. Er zwingt dich jeden Tag aufs Neue, nach Perlen zu tauchen. Und er weiß nicht, dass du eine ganz schlimme Salzwasserallergie hast. Jedes Mal, sobald nur ein Tropfen des Salzwassers auf deine Haut fällt, hast du starke Schmerzen. Es sind Schmerzen wie Ohnmacht, Hilflosigkeit, Angst, Angst vor der Zukunft, gepeinigt sein, Erniedrigung und vieles mehr. Auch körperliche Leiden gesellen sich dazu.

Es ist geradezu so, als hättest du Säure auf der Haut, und diese würde deinen Körper zersetzen wollen.

Das Wasser erinnert dich jedes Mal daran, dass du der Sklave bist. Hass und Wut keimen in dir auf, Aggression und Mordlust. Du willst das Leid beenden. Der Schmerz, den dir deine Allergie gegen das Salzwasser gibt, erinnert dich mit jedem Augenblick an deine hoffnungslose Aussicht. Es ist das Meer, das dich schmerzt, und dennoch wirst du täglich gezwungen, mehrere Stunden im Meer zu tauchen.

Nehmen wir einmal an, das Meer symbolisiert die Welt, unsere Welt, in der wir leben. Eine Welt voller Angst und Schrecken. So musst du jeden Tag ins Meer eintauchen und die Qualen, den Schmerz, irgendwie überleben. Jeden Morgen öffnest du deine Augen und erfährst das Elend der Welt. Bilder von Krieg und Ungerechtigkeit, Bilder von Macht und Gier. Vielleicht erfährst du aber auch nur deine eigenen Verletzungen durch mangelnde Anerkennung und Wertschätzung, Ungerechtigkeit in der Arbeit, harsche Wörter. Vielleicht ist es auch nur deine Unfähigkeit, dass du deinen eigenen Schmerz nicht verarbeiten kannst, das Gefühl, vom Leben nicht geliebt zu werden.

Jetzt passiert Folgendes: Der Grundbesitzer, also dein gemeiner Herr, hat eine wunderschöne junge Frau, die ihm ein Kind gebärt. Er hat sich vorgenommen, bei der Geburt anwesend zu sein.

Etwas in ihm wollte unbedingt sehen, wie das menschliche Leben geboren wird. Als es nun zur Geburt kommt und er das kleine unschuldige, zarte, hilflose Leben in seinen Armen hält, fühlt er einen warmen Strom in der Mitte seiner Brust. Er ist zutiefst ergriffen von dem kleinen Leben, das er in seinen Händen hält. Er ist wie benommen und ihm laufen die Tränen über das Gesicht. Es ist der Beginn einer Veränderung, die sich in ihm vollzieht. Es ist das Leben selbst, das sein Herz berührt hat. So weit, so gut.

Eines Tages sitzt der Mann auf einem Stein und schaut auf das Meer hinaus. Er überdenkt seine Gier und sein Sklaventum, und plötzlich kommt ihm eine Idee. Er will etwas für seine Sklaven tun. Er möchte ihnen helfen, in Zukunft leichter nach Perlen zu tauchen. Denn ihm ist bewusst, dass einige unter ihnen an einer Salzwasserallergie leiden. Er beginnt, seinen Sklaven eine ordentliche Wohnstatt zu bauen und sie auch gut zu entlohnen. Aber darum geht es jetzt nicht. Er entwickelt ein besonderes Gefährt, eine Glaskugel mit einem kleinen Motor. Diese Glaskugel hat einen Sitz und unterhalb des Sitzes ist eine Vorrichtung, die dafür sorgt, dass der Perlentaucher in der Kugel die Perlen aus dem Wasser holen kann, ohne mit dem Wasser in Berührung zu kommen. Somit ist der Perlentaucher vollständig vor dem Wasser geschützt. Was geschieht jetzt, wenn du als Sklave dich in diese Glaskugel setzt und dich ins Wasser gleiten lässt?

Was geschieht jetzt mit dir, wenn du auf Tauchstation gehst? Was macht nun den Unterschied aus? Keine Berührung des Wassers auf der Haut, kein Schmerz.

Jetzt siehst du plötzlich die Erhabenheit des Meeres, du kannst die ganze Pracht des Ozeans wahrnehmen. Du siehst mit bestechender Klarheit die Riffe, die Korallen, die kleinen und die großen Fische. Bunte Farben des Meeres offenbaren sich vor deinen Augen in einer nicht enden wollenden Vielfältigkeit. Du siehst Delfine und große Schwärme der wunderbarsten Tierarten, die das Meer zu bieten hat. Deine Augen sind voll von Entzückung und

Wertschätzung für das Leben des Meeres. Dein Herz öffnet sich und dein Herz wird warm. Tiefer und tiefer tauchst du ein in die Welt der Wunder und dankst Gott in jedem Augenblick für die Schönheit und die Pracht, die er erschaffen hat. Seepferdchen und Seesterne ziehen vorüber. Ganz nebenbei erledigst du voller Eifer deine Arbeit, indem du eine Perle nach der anderen in deine Glaskugel ziehst. Voller Freude und Fülle, ergriffen von der Schönheit des Lebens, gehst du deiner Arbeit nach, ohne zu merken, dass es schon an der Zeit ist, wieder heimzukehren. Du kannst es kaum erwarten, am nächsten Tag wieder in die Welt der Wunder einzutauchen. Am Morgen deine Augen zu öffnen und dem Alltag, dem Leben, deinem Leben mit Freude zu begegnen. Die Glaskugel bietet dir den Schutz, den du benötigst, um in dem Salzwasser, das dich verletzt, zu schwimmen. Die Glaskugel bietet Klarheit. Das ist es, was der Frieden des Herzens dir bringt. Er bietet dir die Möglichkeit, dein Leben voller Freude zu leben. Frei von Angst und Schmerz. Du bist in der Welt des Egos, und dennoch bist du im Leben. Du wachst morgens auf und gehst abends zu Bett, doch jetzt siehst du mit klaren Augen, denn nichts tut dir mehr weh. Die tiefe und große Verletzung der Menschheit ist noch sichtbar und auch wahrnehmbar, aber sie kann dir nichts mehr anhaben. Der Frieden in deinem Herzen, der Frieden des wahren Lebens umgibt dich wie eine Glaskugel.

Jetzt hast du Zeit durchzuatmen, stehen zu bleiben und dem Leben mit Frieden zu begegnen, denn das Leben selbst ist nur Frieden. Aus tiefer Dankbarkeit für die vielen Perlen, die du nun tauchst, entlohnt dich der Großgrundbesitzer königlich. Das Leben zeigt sich auch dir von seiner schönen Seite. Die Sonne ist nur Frieden, der Mond ist nur Frieden, die Luft ist nur Frieden, die Erde selbst ist nur Frieden.

Wie ist deine Reaktion auf das Leben selbst? Was bringst du ein? Was kann das Leben zu dir sagen? Ist es nicht ein wenig egoistisch, von allen Menschen zu verlangen, sie sollen sich verändern, damit es dir gutgeht? Oder vielleicht sogar dem Leben selbst zu sagen, es möge doch bessere Rahmenbedingungen schaffen, damit es dir endlich gutgeht. Wer soll denn damit anfangen, Frieden zu machen, wenn nicht du selbst?

Es bleibt nur eine Frage zu beantworten: Wie sehr wünschst du den Frieden wirklich? Und was bist du bereit, dafür zu tun? Es ist der Frieden in deinem Herzen, der dafür sorgt, dass du mit einer Glaskugel durch dieses wundervolle Leben reisen kannst.

Du musst diesen Frieden wirklich wollen. Vergiss nicht, das Leben selbst ist Frieden. Frieden ist ein Ton, der alles durchdringt. Dieser Ton liegt in deinem Herzen und war nie weg. Was bist du bereit, in das Leben einzubringen? Frieden, Freude, Dankbarkeit, Vergebung, Güte, Barmherzigkeit, Zuversicht, Anmut, Zärtlichkeit, Wahrheit, Mut, Vertrauen, Hilfsbereitschaft, Sanftmut, Harmonie, Treue, Wertschätzung, Flexibilität, Leichtigkeit, Heilung?

Das und vieles mehr ist es, was das Leben dir anbietet, es ist genau das, was es dir zu geben hat. Was bist du jetzt bereit, dem Leben zu geben? Vergiss nicht, das, was du vom Leben erwartest, ist bereits da, du musst ihm nur begegnen. So bleib stehen und frag dich, wie sehr willst du den Frieden? Wie sehr bist du bereit, dafür alles auf eine Karte zu setzen? Dem Leben zu begegnen! Das Leben zu lieben, so wie es dich liebt. Damit deine Glaskugel wachsen kann, benötigt es deine Mithilfe.

Bild 42: In der Welt der Dinge Frieden fühlen und Leben

12
Vergeben

Ich führte ein für mich sehr aufschlussreiches Telefonat, welches ich hier verkürzt wiedergeben möchte. Es handelte sich um eine Frau, die ich hier Michaela nenne. Ich bereitete mich auf das Telefonat vor und erwartete ihren Anruf. Dann ließ ich mir ihre Situation schildern, das Problem, um das es „vordergründig" ging. Es war eine Beziehungskrise.

Sie erzählte mir, dass sie eine wunderbare Partnerschaft gehabt habe. Ihr gegenseitiges Verständnis füreinander war tief und fast selig. Bei ihren abendlichen Telefonaten stellten sie fest, dass sie oft dieselben Empfindungen über den Tag hatten, obwohl sie nicht selten räumlich voneinander getrennt waren, denn ihr Partner war oft auf Geschäftsreise. Alles in allem eine Bilderbuchbeziehung bis hierher. Weiter erzählte sie mir, dass dieser Partner sich nun eine andere Frau gesucht habe. Sie ließ mich wissen, dass ihr – mittlerweile – Expartner ein stark mangelndes Selbstwertgefühl habe und sich immer Partner gesucht habe, die Stärke ausstrahlten.

Die neue Partnerin schien wohlhabend und erfolgreich zu sein, er konnte sein mangelndes Selbstwertgefühl mit dem Pflaster ihrer Stärke verschließen. Dennoch konnte er Michaela nicht in Ruhe lassen. Immer wieder rief er sie an und erzählte ihr, dass sie die einzige Frau sei, die er wirklich liebe und so weiter. Alles, was mit diesem Mann zu tun hat, ist jetzt in dieser Geschichte nicht von Bedeutung.

Während Michaela mir alles erzählt, hörte ich sehr aufmerksam zu, und zwar auf zweierlei Weise: Zum einen auf das, was mir Michaela als Persönlichkeit erzählte, und zum anderen hörte ich mit meinem Herzen, was mir ihre Seele sagen wollte. Ich ließ sie weiterreden und mir erschien direkt ihr Vater vor meinem inneren Auge. Ich wusste, dass ihr Vater seinen Teil dazu beigetragen hatte und dass etwas Schwerwiegendes geschehen sein musste in ihrem Leben, das zu diesem Thema geführt hatte. Meine Aufgabe war es jetzt, Michaela dorthinzuführen, um ihr zu helfen, zu erkennen, damit die Situation von ihr neu bewertet werden konnte und im besten Fall durch Vergebung aufgelöst werden würde. Also fragte ich sie, was sie fühle, dass diese perfekte Partnerschaft auseinandergegangen ist.

Ich versuchte sie über ihre Gefühle zurückzuführen, zurück zur Ausgangssituation, die für ihren Schmerz verantwortlich war. Irgendwie wich sie mir immer aus. Etwas in ihr war nicht bereit, in die von mir angesprochenen Gefühle hineinzugehen. Ich benutzte also die „Seziertischmethode", wie bereits beschrieben.

Wir legten verschiedene negativ erfahrene Gefühle auf den Tisch und schauten, was noch alles in ihnen zu finden war. Es dauerte eine Weile, und dann kamen wir auf Traurigkeit und Einsamkeit. Weiter erzählte sie mir, dass sie den großen Wunsch nach harmonischen Beziehungen hegte. Ihre längste Beziehung dauerte etwa 20 Jahre, und sie wollte in jedem Falle wieder eine Beziehung haben. Mir war zu diesem Zeitpunkt schon klar, warum sie sich so sehr danach sehnte. Einsamkeit und Traurigkeit lagen in ihr als tiefer Schmerz begraben. Was bietet sich da besser an, als ein Partner, der als Pflaster für diese offene Wunde dient. Ein Partner, der zum einen diesen Schmerz aushält und auch noch dafür Sorge trägt, dass die Wunde sich nicht an sich selbst erinnert. Aber eines nach dem anderen.

Es wurde deutlich, der Vater hatte ihr diese Gefühle vermittelt. Ich konnte es vor meinem inneren Auge sehen. Sie aber wehrte sich so sehr dagegen, dass sie alle Gefühle, die damit in einem Zusammenhang standen, verdrängte. Michaela verdrängte auch die Wahrheit, dass sie diesen Schmerz bereits als Kind erfahren hatte.

Sie fuhr in ihrer Erzählung fort, ihr Vater habe ihr das Gefühl von absoluter Wertlosigkeit vermittelt, sie durfte keine eigene Meinung haben. Wollte sie etwas, so verbot er es. Er war auch nicht in der Lage, Zuwendungen zu geben oder Nähe in Form von Geborgenheit und Liebe zuzulassen. Sie fühlte sich unterdrückt und nicht geliebt, nicht wertgeschätzt, nicht anerkannt.

Ich bat sie, sich zu erinnern, wie sie sich als Kind gefühlt habe, als ihr Vater ihr diese Gefühle vermittelte. Sie wich mir bei dieser Frage immer wieder aus. Sie könne sich daran erinnern, dass er ihr übel mitgespielt habe, nur nicht an das Gefühl, dass er hinterlassen hatte. Sie konnte mir viele Beispiele geben, in denen sie verletzt wurde, und dennoch wollte sie nicht zugeben, dass sie das Gefühl von Wertlosigkeit bereits als Kind gefühlt hatte. Sie war nicht bereit, die Verletzung von einst erneut zu fühlen. Sie entschied sich, das Gefühl weiterhin zu verdrängen. Ich musste einen anderen Weg finden, um an sie heranzukommen. Deshalb fragte ich sie, ob ihr Vater noch lebe, und was sie heute für ihn empfinden würde? Sie sagte mir, sie fühle Wut und Hass für ihn!

„Ich werde dich jetzt ganz langsam einkreisen, um der Wahrheit auf die Spur zu kommen", sagte ich. Sie lachte darüber. „Wer fühlt denn den Hass und die Wut jetzt?", fragte ich. „Ich selbst", meinte sie nach einer kurzen Überlegung. Dann fragte ich sie: „Kannst du dir vorstellen, warum dein Vater dich so behandelt hat?"

Sie verstand, worauf ich hinauswollte, und antwortete, dass auch ihr Vater als Kind ein ähnliches Paket bekommen haben musste. Ein Paket von Wertlosigkeit, Einsamkeit, Traurigkeit und von tiefer Verletzung. Etwas, das sein Herz so hart gemacht hat, dass er nicht mehr in der Lage war, einem so kleinen Geschöpf, wie seinem eigenen Kind, Liebe entgegenzubringen. Sein eigener Schmerz war zu groß.

Die Liebe eines unschuldigen Kindes zu sehen lähmte ihn unbewusst, denn es erinnerte ihn daran, was er einst selbst nicht bekommen hatte. Er konnte das Gefühl von Wertschätzung in sich nicht freilegen. Seine negativ gemachten Erfahrungen erdrückten ihn und zwangen sein Herz in die Knie. Ich fragte sie, von wem er das wohl bekam, und wir gingen über die Ahnen zurück, so wie ich es weiter oben bereits beschrieben habe.

Sie erkannte, dass dieses Gefühl von Generation zu Generation weitergegeben wurde und dass es jetzt offensichtlich bei ihr gelandet sei. Sie erkannte auch, dass sie ihren Schmerz, jenes Gefühl von Einsamkeit, Traurigkeit und mangelnder Wertschätzung, welches sie so sehr verdrängte, in der letzten Zeit körperlich spürte. Es schmerzte in ihrer Brust. „Es fühlt sich an, als würde jemand eine Faust in mein Herz stecken." Ihr Arzt hatte tatsächlich Herzrhythmusstörungen bei ihr festgestellt. Ich fragte sie: „Bist du bereit, für diese schmerzhaften Gefühle die Verantwortung zu übernehmen?" Sie zögerte mit ihrer Antwort und fragte mich: „Was soll ich denn jetzt tun?"

Ich blieb still und versuchte ihr die Antwort selbst zu überlassen. Sie überlegte eine Weile und antwortete mir dann ziemlich überzeugt: „Ich werde meinem Vater nicht vergeben. Ich bin in keinem Falle bereit, mit Liebe darauf zu schauen." Ihr Schmerz saß einfach zu tief. Ich versuchte mit herzergreifenden Geschichten sie zu erweichen. Ich appellierte an ihr Mitgefühl, zu fühlen, wie notwendig es sei zu vergeben, damit alte Wunden geschlossen werden können. Ihre eigenen und auch die des Vaters. Ich spürte, dass sie nicht bereit war zu vergeben.

Ich überließ und überlasse die Wahl immer dem Menschen selbst. Es ist nicht meine Aufgabe, in den freien Willen einzugreifen, obwohl ich weiß, wie heilsam Vergebung sein kann. Ich drängte sie zu nichts. Ihre Antwort auf meinen Herzensappell war: „Ich habe ja aus einem anderen Grund angerufen, es geht hier um mein aktuelles Beziehungsproblem und nicht um die Thematik mit meinem Vater." – „Was willst du dann mit dem Hass und der Wut, die du in dir fühlst, anfangen?" – „Das ist nicht das Thema", kam als Antwort auf meine Frage.

Ich wollte noch nicht aufgeben.

Dann brachte ich folgendes Beispiel: Michaela, mal angenommen, du hast einen Kochtopf auf dem Herd stehen, in dem eine alte Suppe schwimmt. Du hast gezögert den Topf zu säubern und mittlerweile stinkt es gewaltig in deiner Küche. Der Deckel des Topfes beginnt sich schon zu heben und es riecht übel. Allerlei grünes Zeug quillt bereits unter dem Deckel hervor. Macht es nicht Sinn, sich einen Mundschutz zu besorgen, Gummihandschuhe anzuziehen und den Topf zu putzen? Den Topf so richtig zu schrubben? Eisenwolle zu nehmen und so lange zu putzen, bis wirklich wieder alles rein ist und glänzt? Ist es nicht schön, dann auf den Markt zu gehen und sich frische Zutaten zu besorgen, diese sorgfältig zu waschen, zu schneiden, um dann alles in den sauberen Topf zu schütten? Welche Freude, eine frische, wohlduftende Suppe zu kochen? Sie meinte, was denn das solle, sie habe ja noch andere Herdplatten und Töpfe. Sie wollte noch immer nicht hinschauen, sie war noch immer nicht bereit. Ich fragte sie dann: „Ist es wirklich dein Ernst? Du hast vier Herdplatten und auf einer steht ein Schnellkochtopf, der zu explodieren droht und aus dem es gewaltig stinkt. Die ekelige Suppe läuft schon am Topf herunter und spritzt überall in der Küche herum. Du willst mir wirklich weismachen, dass es dich nicht stört, den Rest deines Lebens in einer Küche zu kochen, in der ein solcher Topf steht?" Sie meinte: „Das ist mir egal." Sie war nicht bereit loszulassen.

Michaela ist eine Person, mit der man glücklicherweise direkt und offen sprechen konnte. Sie meinte: „Nur zu." Ich sagte ihr: „Du kannst dich selbst auf den Arm nehmen, aber mich nicht." Ich ließ sie damit wissen, dass sie selbst entscheiden müsse, ob sie die Schmerzen, die sie mittlerweile auch so stark körperlich fühlte, weiter akzeptieren wolle oder ob sie bereit sei, über die Vergebung dem ein Ende zu setzen. Sie war noch immer nicht bereit dazu. Ich versuchte einen letzten Anlauf, indem ich ihr klar vor Augen führte, warum sie nach einem Partner suchte. Ich erklärte ihr: „Dein neuer Partner soll dir als Pflaster für deine Wunden dienen. Du magst deinen eigenen Schmerz nicht anschauen und der Partner soll jetzt so viel Liebe und Verständnis für dich aufwenden, dass du nicht an deinen Topf erinnert wirst."

Plötzlich lachte sie laut auf und meinte, jetzt habe sie es verstanden.

Ihr wurde bewusst, dass der Hass, die Wut und der Groll, den sie gegen ihren Vater hegte, sie innerlich zerstörte. Langsam freundete sie sich mit dem Gedanken der Vergebung an, war aber noch immer nicht bereit, die Vergebung aktiv anzugehen.

Für mich war das so weit gut. Auch wenn ich nicht in die Vergebung mit ihr kam, so hatte sie zumindest Klarheit gewonnen. Eines hat mir dieses Telefonat gezeigt: Nicht jeder ist sofort bereit Frieden zu wollen oder in der Lage zu vergeben. Das erlebe ich auch immer wieder in meinen Seminaren. Wie sehr bist du bereit, den Frieden in deinem Herzen zu erfahren? Wie sehr bist du bereit, alle Töpfe, die Küche, das ganze Haus auf Hochglanz zu bringen und es auch wirklich auf Hochglanz zu halten? Wie sehr willst du den Frieden erfahren und dem Leben begegnen? Willst du es mit Freude und Dankbarkeit, ebenso wie die Sonne, der Mond und die Natur selbst es tun?

Wie sehr willst du deine eigene Natur erkennen?

Wie sehr willst du dich für das Leben anstrengen?

Der Frieden liegt bereits in dir, er war nie weg.

Ich habe nach dem Telefonat noch sehr intensiv gebetet und Gott dafür gedankt, dass er mir so viel Liebe und Frieden zuteilwerden ließ, ein so wundervolles Gespräch zu führen. In dem Maße, wie du vergibst, wird dir der göttliche Vater vergeben. Hierzu fällt mir noch eine Begebenheit ein.

Während eines beruflichen Projektes traf ich mal einen sehr erfolgreichen Menschen, den ich hier einmal Robert nennen möchte. Er ließ mich wissen, dass er durch und durch ein positiver Mensch sei. Es bereite ihm Freude, Menschen an seinem Erfolg teilhaben zu lassen. Er tue das, indem er seinen Mitmenschen immer einen guten Rat geben würde, die Dinge so zu machen, wie er es selbst getan habe. Er wolle den Menschen damit helfen, sich selbst zu helfen. „Es stört mich nur, dass sie meine Empfehlung oft nicht annehmen und oft so phlegmatisch sind, obwohl ich mit meinem Erfolg dokumentieren kann, dass es auch anders geht", erklärte er mir dann.

Während er mir so seine Geschichte erzählte, schaute ich ihn ruhig an und spürte sofort eine große Verletzlichkeit, die von ihm ausging. Ich fragte ihn, warum er denn den Menschen unbedingt helfen wolle, denn darin fühlte ich seinen Schmerz. Er meinte: „Es gibt mir ein gutes Gefühl." Ich fragte dann: „Wie fühlt sich dieses gute Gefühl denn an, das du dadurch bekommst?" Er überlegte kurz und antwortete: „Es gibt mir eine Art Anerkennung." Für mich war das sofort klar. Wenn jemand Anerkennung benötigt, was fehlt ihm dann am allermeisten? Liebe! Welche Liebe? Die bedingungslose Liebe Gottes, denn das ist die einzige Kraft, die wirklich fehlt. Kein Mensch kann diese Lücke jemals dauerhaft füllen. Also was macht er jetzt? Unbewusst legt er jedes Mal ein Pflaster auf seine Wunde, indem er jemandem versucht „sich selbst zu helfen".

Etwas in ihm lenkt automatisch von seiner eigenen Verletzung ab. Etwas in ihm macht ihn zum Retter der Welt. Das vermittelt ihm anfangs ein gutes Gefühl. Seine eigene Wunde wird getupft, denn er hat ja etwas für seine Mitmenschen getan. Was gibt es denn Ehrenwerteres?

Das Trickreiche am Ego ist jetzt, dass es der Person, in diesem Falle Robert, negative Gedanken eingibt und ihn übel denken lässt. So weit, dass sich Robert sogar dann bei anderen Menschen darüber auslässt, in diesem Falle bei mir, wie blöd und uneinsichtig die Menschen doch eigentlich sind, nicht auf ihn und seine Empfehlungen zu hören.

Die oben gemachte Aussage führte ihn auch wieder in einen negativen Gemützustand. Ich fragte ihn, ob er bereit sei, etwas tiefer zu gehen, um mal zu schauen, warum er in dieses negative Gefühl kommt? Am Ende des Gesprächs kamen wir darauf, dass er seinen Bruder hasste, weil dieser sich immer bei seiner Mutter „eingeschleimt" habe und auch noch den größeren Teil des Erbes erhielt. Ich bat ihn darum, doch seinem Bruder zu vergeben. Er meinte, dazu sei er nicht bereit. So kann es auch gehen, wenn der Stachel der Verletzung zu groß ist, dann dauert es eine Weile, bis man wirklich bereit ist, zu vergeben. Alles läuft immer wieder darauf hinaus, dass der Mensch vergessen hat, dass er von seiner so wunderbaren Wohnstatt weggegangen ist und jetzt mit glühenden Kohlen jongliert. Auch hier gilt es wieder, sich selbst zu vergeben. Auch Gott um Vergebung zu fragen, weil man wirklich noch glaubt, dass seine Liebe und Güte nicht wahr ist. Vergebung hat so viele Facetten, aber eines ist sie immer – heilsam und erleichternd. Dabei ist es ganz gleich, ob du nun vergebend denkst, dir selbst vergibst oder ob du wirklich jemanden um Vergebung bittest.

13
Gewohnheiten
Fessel des Herzens

Niemand sage, wenn er versucht wird, dass er von Gott versucht werde.
Denn Gott kann nicht versucht werden zum Bösen, und er selbst versucht
niemand. Sondern ein jeglicher wird versucht, wenn er von seiner eigenen
Lust gereizt und gelockt wird.   *Jakobus 1.13,14*

Wenn du dich auf dieser Welt einmal umschaust und in dich hineinfühlst, dann wirst du feststellen, dass es auf dieser Welt keine ewigen Freuden, dauerhafte Beruhigung oder Frieden gibt. Jegliche Freude ist von kurzer Dauer. Alle Freuden sind gebunden an Dinge, die die Welt hervorbringt. Alles kommt und geht in dieser Welt. Mal angenommen, du bist in der Lage, dir ein neues Haus zu kaufen, und du freust dich sehr auf den Einzug. Es kommt bereits die große Freude in dir auf, in diesem neuen Haus zu leben. Gedanklich bist du bereits eingezogen und malst dir die schönsten Dinge aus, wie es in dem Haus sein wird. Wie lange hält diese Freude an?

Wirst du deshalb dauerhaft friedlichere Gedanken und Gefühle haben? Voraussichtlich nur bis kurz nach dem Einzug. Vielleicht bis zu dem Zeitpunkt, an dem du siehst, dass der Maler oder der Bodenleger oder sonst ein Handwerker irgendeinen größeren Fehler gemacht hat. Dann ist es vorbei mit der inneren Ruhe und die negativen Gefühle übernehmen wieder das Ruder. Ein wirklich kraftvolles Herz strotzt jedem negativen Gefühl, es ist wie das Aufbäumen des Meeres, unbeherrschbar und wild. Die Kraft Gottes dauerhaft in seinem Herzen zu fühlen und dafür zu streiten, ist nicht einfach, aber die unendliche Bereitschaft, nicht nachzugeben und alles dafür zu tun, ist unerlässlich und machbar. Ein wesentlicher Punkt, der die Menschen daran hindert, ist das fehlende Vertrauen und die bereits beschriebene Unklarheit. Nicht zu wissen, vergessen zu haben, dass es eine so immense, gewaltige Kraft in uns gibt, die nur darauf wartet, gefühlt zu werden. Wäre da nicht die Zwiespältigkeit. Auf der einen Seite sich an den Freuden der Welt und ihrer tausend Dinge zu erfreuen und auf der anderen Seite den tiefen Frieden und das Wissen, das Herz und Seele in sich birgt, erfahren zu wollen. Die Freuden der Welt kannst du besser genießen, wenn du mit den Augen des Herzens siehst. Es sind die ewigen Wünsche und Begierden im Menschen, die dafür sorgen, dass Verwirrung, innere Unruhe und Unzufriedenheit entstehen.

Gottes Herz ist wie ein Magnet und es ist seine magnetische Kraft, mit der er die Seelen an sich zieht. Sobald du bereit bist, die Tür in deinem Inneren ein wenig zu öffnen, den Hebel umzulegen, kann die Kraft seines unendlich liebenden Magnetismus wieder wirken. Du hast den kleinen Magneten in deinem Herzen so weit geschwächt, dass du die magnetische Anziehung nicht mehr fühlen kannst. Vielleicht hast du auch vergessen, dass sie überhaupt da ist, oder du bist nicht bereit, diese wieder zu aktivieren.

Von Anbeginn der Zeit zieht dich sein starker Magnetismus an sich und es gab eine Zeit, in der du dich verbunden, frei und geschützt fühltest. Spürbar und fühlbar durch die Kraft in deiner Seele.

Im Laufe vieler Leben sammeltest du Erfahrungen und Erinnerungen an. Erinnerungen von Verletzung und Leid. Es sind diese Erfahrungen, die den Magneten in deinem Herzen schwächen. Diese vielen kleinen Hiebe und Stiche zogen deine Aufmerksamkeit mehr und mehr vom Magneten Gottes weg. Es war nichts Großes, nur einer von vielen kleinen Impulsen, der dein kleines Köpfchen in eine andere Richtung blicken ließ. Ganz fein und fast nicht spürbar schlich sich die Veränderung ein. Mehr und mehr versuchte diese ablenkende Kraft, das Ego, dich von der starken magnetischen Verbindung Gottes zu lösen, indem diese Kraft versuchte, deinen Magneten zu entladen.

Die Verführung begann. Heute hat das Ego sein eigenes System entwickelt. Durch Begierde und Wünsche lenkt es deine Aufmerksamkeit von deinem Magneten, deinem Herzen, komplett ab. Es verändert einfach die Richtung. Ganz sanft und immer stärker baute es seine Kraft auf und lenkte die Kräfte des Bewusstseins um.

Was bedeutet das jetzt für die magnetische Kraft in deinem Herzen? Es verlor und verliert mehr und mehr an Wahrnehmung, an Glauben und Wissen.

Bild 43: Das Üble zieht mit den negativen Gedanken und Gefühlen in seine Welt

Durch Unwissen kannst du nur verlieren, denn der Preis der Unbewusstheit ist es, Schuld, Leid und Schmerz zu erfahren. Es kann sich in den unterschiedlichsten Ausprägungen darstellen. Es setzt den Menschen sogar so zu, dass Seelen noch vom Jenseits aus um Vergebung bitten. Ich möchte hier folgende Begebenheit schildern:

Für meine mediale Entwicklung besuchte ich mehrfach Seminare bei Andrea Dinkel-Tischendorf[15], ein außergewöhnliches Medium, Heilerin und liebgewonnene Freundin. Ich lernte Andrea durch Armin Mattich kennen und besuchte viele ihrer Seminare. Andrea legt die Medialität im Menschen frei und berührt die Seele tief. Heute gebe ich ein- bis zweimal pro Jahr ein gemeinsames Vergebungs-Seminar mit ihr gemeinsam. In ihren Seminaren geht es unter anderem auch darum, Jenseitskontakte herzustellen und Botschaften zu vermitteln. Während eines Seminares hatte ich Kontakt zu einem jungen verstorbenen Mann, der so um die 40 bis 45 Jahre alt war. Er vermittelte mir das Gefühl, ein sehr sportlicher und gut trainierter Mann gewesen zu sein. Auch sah er gut aus und hatte eine Familie. Er ließ mich wissen, dass er seinem Sport ohne Rücksicht auf seine junge Familie Vorrang gab. Fast jedes Wochenende war er in den Bergen, beim Klettern oder Skifahren. Eine Seminarteilnehmerin, für die seine Botschaft bestimmt war, saß im Raum. Es war eine Freundin der Familie des Verstorbenen.

Nachdem genügend Beweise gegeben worden waren, dass die Teilnehmerin ihn erkennen konnte, ging es an die Botschaft. Er bat die Freundin, sie möge seiner Familie sagen, dass es ihm unendlich leidtue, sich so egoistisch benommen zu haben. Er habe seiner kleinen und jungen Familie nicht den Rückhalt gegeben, den diese dringend benötigt hätte. Er habe nur seinen Sport im Kopf gehabt und dafür alles verloren. Das beschäftigte seine Seele jetzt.

Dann strömten seine Worten aus mir hervor, die ich in mir fühlte: „Ich bitte um Vergebung, es tut mir leid, bitte sage das meiner Frau und meinen Kindern, ich bitte um Vergebung."

---

15 Weitere Informationen zu Andrea Dinkel-Tischendorf: www.andrea-dinkel.de

Es ist wirklich herzberührend, solche Botschaften zu geben oder diese zu erhalten. Aber was war zu Lebzeiten geschehen? Das Ego hatte ihn während seiner Lebenszeit auf Erden fest im Griff. Es baute das Gefühl von „Sport treiben ist enorm wichtig" in ihm auf. Vielleicht gab es ihm ein Gefühl von Anerkennung oder Befriedigung. Um es hier kurz zu halten, es trieb ihn von seiner Familie weg, und bis zum Tode war er nicht in der Lage zu erkennen, dass er dem Üblen auf den Leim gegangen war. Das Üble hatte ihn mit der Gewohnheit, am Wochenende Sport zu treiben, und dem damit verbundenen Gefühl von Genugtuung verführt. Es hatte ihn von der Liebe zu seiner Familie getrennt. Das Ego erfreut sich an solchen unbewussten Handlungen der Menschen sehr. Sicherlich hat er auch hier und da Gewissensbisse gehabt und sich schuldig gefühlt. Das Ego liebt es, Menschen und Seelen zu verführen, um es mit unbewussten Gewohnheiten abhängig zu machen. Auch wäre dem Ego der Suizid eines Menschen eine willkommene Mahlzeit. Erst treibt es den Menschen mit Depression und mangelndem Selbstwert vor sich her, bis dieser ausgelaugt ist. Dann impft es ihm immer wieder ein, es mache Sinn, sich selbst zu töten, da das Leben sinnlos ist. Es bindet sich dann schon mal die Serviette um und wartet gierig darauf, ob der Mensch es dann wirklich tut. Hauptsache kein Erkennen oder Verändern der negativen Gedanken und Gefühle ermöglichen. Schuld sind immer die anderen und Gott. Am liebsten bis in den Tod. Lass sie alle unbewusst sterben, das ist dem Üblen am liebsten. Es will nicht, dass du dich an die Stimme Gottes in deinem Herzen erinnerst oder du es wagst, an sie zu glauben. Lass sie alle unbewusst sterben. Mich erinnert das sehr an:

... aber Jesus sprach zu ihm: Lass die Toten ihre Toten begraben; gehe du aber hin und verkündige das Reich Gottes!   *Lukas 9,60*

Gebet

Lieber Gott, ich will mein Herz und meine Seele fühlen und finden, bitte mach mich stark, damit ich mich vom Üblen befreien kann, und ich bitte um Vergebung.

Bild 44: Mit festem Willen Gottes Liebe anziehen

Gewohnheitsmäßiges Denken

Wer in seinen Gewohnheiten des Essens, Schlafens, Arbeitens und Sicher-holens maßvoll ist, kann alle materiellen Leiden lindern.

Bhagavad Gita XI-17

Was ist eine Gewohnheit?

Eine Gewohnheit ist eine Reaktion, eine Handlung oder eine ganze Abfolge von Gedanken, Gefühlen und Taten auf eine Bedingung, die dir in Gedanken oder im Leben begegnet. Gedankengänge und Verhaltensweisen, die du bewusst oder unbewusst erlernt hast, laufen ohne eine weitere Beachtung oder eine weitere Überprüfung automatisch ab. Das kann, wie im Falle des Auto- oder Fahrradfahrens, auch positiv umgesetzt werden.

Aber was ist mit dem vielen negativen gewohnheitsmäßigen Denken und Verhalten in deinem Leben, deinem nicht bewussten Tun, deiner Unbewusstheit?

Das Ego benutzt deine Unbewusstheit, um dich durch die Abfolge der Gewohnheiten (unbewusstes Handeln) unbewusst zu lassen. Es hat die Macht übernommen, weil der Geist zu schwach geworden ist.

Es gibt dir fälschlicherweise das Gefühl von Klarheit und am Leben zu sein.

Es hält dich mit den Gewohnheiten unbewusst und somit in der Welt der tausend Dinge, denn du brauchst nicht im Herzen wach zu sein, um eine Abfolge zu leisten.

Sobald du versuchst, eine Gewohnheit zu verändern, wirst du auf massiven Widerstand treffen. Das Ego will, dass du in Gewohnheiten denkst und fühlst, denn dadurch hält es dich in deinem Dornröschenschlaf. Eines bleibt somit garantiert, nämlich, dass du dich im Hamsterrad krank- und totrennst. Du wirst dich nicht an dich, an dein Herz und deine Seele erinnern und schon gar nicht an Gott. Das ist sein einziges Ziel.

Eine liebgewonnene Gewohnheit

- lässt dich bequem und faul sein.
- verletzt dich innerlich. (Urteilendes Denken)
- sorgt dafür, dass alles so bleibt, wie es ist.
- hindert dich an Veränderungen.
- verstopft den Weg zu deinem Herzen und deiner Seele.

Eine erlernte Gewohnheit – also der Ablauf eines Gedankenganges ist es zum Beispiel, sich Gedanken darüber zu machen, was andere Menschen von dir denken oder fühlen könnten.

Also, was denken meine Kollegen von mir, wenn ich zu spät komme?

Was denkt mein Chef von mir, dass ich das Projekt verloren habe?

Was denkt meine Mutter von mir, dass ich ihr nicht zum Geburtstag gratuliert habe?

Was denkt meine Freundin wohl über mein neues Outfit?

Was denkt oder fühlt mein Partner von mir, wenn ich ihm sage, dass ich mich von ihm trenne?

Wie ändere ich so etwas? Ganz einfach: Beobachte dein Denken und Fühlen ganz genau. Lerne dich selbst kennen, lerne das kennen, was dich den ganzen Tag manipuliert.

Ein kleines Beispiel soll zeigen, wie du gewohnheitsmäßiges Denken unterbinden kannst.

Angenommen wir begegnen uns irgendwo, und du sagst Folgendes zu mir: „Sascha, ich habe dein Buch gelesen und es ist wirklich der letzte Müll! Also, wie kann man so etwas nur schreiben? Unfassbar, wie du dir das alles an den Haaren herbeiziehst. Man sollte dich einsperren oder verklagen."

Ein Gewohnheitsdenken könnte jetzt so ablaufen: „Was fällt dem oder der eigentlich ein? Ist doch eine Unverschämtheit, so etwas zu äußern, und das noch laut. Bestimmt haben das jetzt noch andere mitbekommen. Ich muss das jetzt erstmal meinen besten Freunden erzählen. Das schlägt dem Fass doch wirklich den Boden aus!"

So in etwa könnte eine Gedankenfolge ablaufen. So weit – so gut. Nun bitte ich dich, auf meine folgenden Fragen mit „Ich" zu antworten.

Wer denkt das alles?

Dann sagst du: „Ich. Ich denke das."

Dann frage ich dich: „Wer fühlt das alles?"

Du antwortest: „Ich selbst. Ich fühle das."

Dann sage ich: „Was geht es mich an, was du denkst oder fühlst? Was geht mich das an?"

Ganz ehrlich, es geht mich überhaupt nichts an, was du denkst oder fühlst! Also lass die Menschen doch denken, was sie wollen. Sie tun es sowieso.

Gib dein gewohnheitsmäßiges Denken darüber auf, was Menschen von dir denken könnten. Siehe doch mal, wie sehr du schon mit dir selbst, mit deinem eigenen Denken und Fühlen beschäftigt bist. Wie willst du denn noch das ganze Denken der Menschen auf dich nehmen? Mitgefühl haben, ja, immer.

Hilfsbereit sein, ja, immer. Respekt und Achtung haben, ja, immer.

Konsequent und bestimmt sein, ja, immer. Aber was geht mich dein Denken und Fühlen an? Ist es nicht so, dass der Mensch schon genug mit sich selbst zu tun hat? Warum dann auch noch darüber nachdenken, was andere denken und fühlen. Eines fühlt der Mensch mit Sicherheit schon sehr lange nicht mehr – die Liebe in seinem Herzen und in seiner Seele. Wenn du den ganzen Tag darüber nachdenkst, wie du mehr Liebe, mehr Güte in dir entwickeln kannst, dann beschäftigst du dein Denken auch. Auch kannst du deine Gewohnheiten mit dem unaufhörlichen Rezitieren eines Mantras durchbrechen. „Om Namah Shivay" (Ich verneige mich vor Gott; dein Wille geschehe) oder die vier Sätze, das Mantra aus der Kurzform des Ho'oponopono zu nehmen.

Es tut mir leid, lieber Gott (dass ich nicht an dich denke).

Bitte verzeih mir, lieber Gott (dass ich meinen negativen Gedanken und Gefühlen mehr Achtung schenke als dir).

Danke, lieber Gott (dass ich um Verzeihung bitten darf und dass du mich liebst).

Ich liebe dich, lieber Gott.

Diese Gedanken habe ich bestimmt mehrere 10.000 Mal über Jahre auf alle Begegnungen in meinem Leben angewandt.

Einmal habe ich in der Reklamationsabteilung eines Unternehmens gearbeitet und du kannst dir vorstellen, dass die Menschen, die dort anriefen, nicht immer super gelaunt sind. Ich wusste selbstverständlich, dass allen Menschen nur eines fehlt, die Liebe Gottes. Somit war ich schon gut gewappnet, aber gegen die üblen Anfeindungen, die das Ego von sich gibt, bedarf es manchmal wirkliche guter Konzentration.

Ich saß an meinem Schreibtisch und sobald das Telefon klingelte, begann ich schon die Sätze „Es tut mir leid, bitte verzeih mir, ich liebe dich" gedanklich zu rezitieren. Ganz gleich, wie übel die Anfeindungen auch waren, ich blieb eisenhart und ließ nicht zu, dass irgendein negativer Gedanke oder ein Gefühl mich dazu verführte, eine negative Äußerung von mir zu geben. Ununterbrochen sprach ich gedanklich die Sätze in meinem Kopf. Ich lernte dabei zuzuhören und gleichzeitig meinen Geist mit den vier Sätzen zu trainieren. Am Beginn dieser Vorgehensweise musste ich öfter mal nachfragen, was der Teilnehmer am anderen Ende der Leitung genau gesagt hatte. Ich tat das dann selbstverständlich liebevoll: „Entschuldigen Sie, können Sie das bitte nochmals wiederholen, nur, dass ich es auch wirklich richtig verstehe." Meist begannen dann die Personen am Telefon erneut ihre ganze Wut zum Ausdruck zu bringen, und ich war dann in der Lage, mich wieder in den Sätzen und in meiner Wahrnehmung zu üben. Ich durchbrach damit die angelernten Reaktionsmuster und Gewohnheiten in mir. Nachdem ich den Hörer aufgelegt hatte, folgte folgender Gedanke: „Lieber Gott, was auch immer der Grund ist, dass ich mit dieser Person gesprochen habe, ich bitte um Vergebung für alle meine Worte, Gedanken und Gefühle, die damit in Beziehung stehen. Ich liebe dich von ganzem Herzen, mit meinem ganzen Denken, meiner ganzen Kraft und meiner Seele."

Ich hatte auch viele Reklamations-E-Mails zu beantworten und während ich schrieb, rezitierte ich die Sätze. Ich stellte mir die Person vor, wie dieser Mensch mit fehlender Liebe meine Mail lesen würde und wie er von der Liebe, die ich mit meinem Denken in dieser Mail hineinfügte, im Herzen berührt wurde. „Ich lieb dich, ich liebe dich, ich lieb dich."

Jeder Gedanke enthält eine nicht zu verachtende Kraftladung, die auch wieder zu ihrem Sender zurückkommt.

Ganz gleich, ob ich mit Kollegen spreche oder mit anderen Menschen, immer liegt in meinem Denken ein liebvoller Gedanke für die Person inne. Heute bin ich so konzentriert, dass ich, während ich mit einer Person spreche, ihr liebevolle und gütige Gedanken schicken kann. Ich kann mich ganz aus dem Gespräch herausnehmen, liebvolle Gedanken senden und dennoch zuhören. Das habe ich mir jetzt zur Gewohnheit gemacht. Ganz gleich, was mir diese Person auch erzählen mag, ich bleibe wach, konzentriert und sende Liebe, Mitgefühl oder Wertschätzung.

Kommt ein Mensch zu mir und erklärt mir etwas oder er will mir eine leidvolle Geschichte erzählen, so sende ich ihm einfach friedvolle Gedanken wie: „Ich wünsche dir Frieden in deinem Herzen" oder: „Ich wünsche dir mehr Freude am Leben."

„Ich liebe dich."

Es gibt viele wundervolle Gedanken, die man bewusst denken kann.

Es ist eine der kraftvollsten Übungen, die sich in mir entwickelt hat. Wann immer mir ein Mensch etwas erzählt, ganz gleich wer es ist, schaue ich ihm direkt in die Augen und wiederhole fortwährend den Gedanken: „Ich liebe dich", „Ich wünsche dir Frieden" oder Ähnliches.

Nun stell dir mal vor: Du blickst deinem Chef oder deinem Kollegen (vielleicht dem Kollegen, den du am wenigsten magst) in die Augen, während er dir etwas erzählt. Du sagst ihm in Gedanken wiederholend: „Ich liebe dich." Garantiert wird dir dabei sehr mulmig werden, denn du hast plötzlich das Gefühl, er oder sie könne dich, deine Gedanken hören. Jemand könnte hören, wie du denkst: „Ich liebe dich" oder: „Ich wünsche dir Freude im Herzen". Ist schon komisch, diese Art von Gedanken will der Mensch nicht denken, er kommt sich dabei ertappt vor. Aber wenn Gedanken wie: „Der Arsc…", „Der Vollidio…" oder: „Der kann mich doch mal Kreuzweis…", „Mach deinen Schei… doch selbst" gedacht werden, das ist keine Ursache, kein Problem.

Stell dich mal in eine Einkaufsstraße und sprich jeden Menschen, dem du begegnest, mit den Gedanken „Ich liebe dich" an. Im Supermarkt an der Kasse schau die Kassiererin an und wünsche ihr: „Möge dein Herz Frieden finden. Ich liebe dich."

Du kannst natürlich auch deinem gewohnheitsmäßigen Denken erlauben, die Kontrolle zu übernehmen. Dann kannst du dich, während du in der Schlange stehst, darüber aufregen, wie dämlich die Menschen alle sind, und dass wieder einmal alles viel zu lange dauert. Ich übe mich somit seit Jahren in dem zweitwichtigsten Gebot: „Liebe deinen Nächsten wie dich selbst." Ich lasse nicht zu, dass Gewohnheitsdenken mein Denken kontrolliert. Ich entscheide mich bewusst in jedem Moment für liebevolle Gedanken. Klappt das immer? Nein, aber dann vergebe ich mir sofort und übe noch intensiver.

Es gibt viele Erlebnisse, die ich mit dieser Art des Denkens erfahren habe, aber vor allem kann ich mit dieser Übung viele Fähigkeiten meiner Wahrnehmung gleichzeitig trainieren. So wurde mir von meinen Geistführern eine Übung in die Hände gelegt, die ich in meinen Seminaren lehre. Diese Übung ist für mich eine der wichtigsten „liebvollen Waffen" im Streit um die Liebe meines Herzens, der Möglichkeit, sich im Alltag gegen das Ego zu wehren. Im Speziellen mit Mitmenschen, die einem nicht so wohlgesonnen sind. Für mich ist diese Art zu denken die „Geheimwaffe". Was ist nun mit freudigen Geschichten des Alltags? Es ist egal, ob die Geschichten freud- oder leidvoll sind.

Freude unterliegt ebenso der Gesetzmäßigkeit der Gewohnheit und bedient sich des Alltags und seiner Geschichten. Es gibt zwei Arten von Freude. Die eine Freude ist die Freude, Gott in seinem Herzen und in der eigenen Seele wahrzunehmen. Zu fühlen, wie der Gärtner die Rose deines Herzens sanft und liebevoll pflegt und hegt. Wie Gott, der König, deine Seele an sich ziehen möchte und zieht.

Die andere Freude ist gebunden an Gegebenheiten, an Situationen, an Handlungen, an Gedanken, an Gefühlen und an Taten. Diese Art von Freude ist sehr kurzweilig und in ihr liegt immer auch die Kehrseite, denn es findet im Außen statt und nicht im Herzen Gottes.

Angenommen, du gewinnst eine Flugreise in die Südsee. Jetzt beginnst du dich zu freuen. Deine Gewohnheit nutzt die Referenz der Freude und lässt dich glauben, jetzt, in diesem Moment gehe es dir gut. Ja, das mag für den Moment auch stimmen. Es geht dir augenscheinlich gut. Solltest du jetzt dazu auch noch den „WAHREN" Frieden ganz bewusst in dir fühlen und dich darüber freuen, dann würde ich zustimmen. Das Außen trübt mit der Geschichte der Freude deine Wahrnehmung. Du freust dich jetzt über den Gewinn und die Reise und während du im Auto sitzt und deinem besten Freund davon erzählst, kracht dir ein LKW in die Autoseite. Was nun? Was ist jetzt mit der Freude? Oder du kommst nach der langersehnten Freude auf deinen Urlaub an den Check-In-Schalter und dir wird mitgeteilt, dass die Piloten streiken oder besser noch, die Dame am Schalter sagt dir: „Es handelt sich um einen riesen Irrtum. Ich habe Sie nicht auf der Liste und Sie können nicht mitfliegen." Was ist nun mit der Freude? Jetzt folgt der Mensch wieder seiner Gewohnheit und reagiert mit negativen Impulsen, seinem vermeintlich besten Freund. Die Menschen sind einfach nur unwissend und haben Gott aus ihrem Herzen verloren.

Somit sind die Unwissenheit und die Unkenntnis von Gott, die einzige Schuld, die der Mensch in sich trägt.

Das ist alles. Ist das schlimm, nicht zu wissen? Nein.
Ist das lästig? Ja.
Hindert es dich daran, das zu leben, was du bist? Ja.
Ist es änderbar? Ja.
Ist es einfach? Nein.
Kostet es Kraft und Ausdauer? Ja.
Ist es extrem anstrengend? Ja.
Ist es machbar? Ja.
Ist es lohnend? Oh jaaa!!

Was sind deine momentanen Gewohnheiten, was sind deine aktuellen Referenzen?

Sobald du eine göttliche Erfahrung machst, zum Beispiel das Erfahren der Lebenskraft (der Kundalini), eine Erfahrung der Glückseligkeit oder eine innere Erfahrung von tiefem Frieden, dann wird dieser Frieden deine Referenz sein. Deine Referenz dafür, den Frieden als Grundlage zu nehmen, um zu entscheiden, wie auf eine Situation im Alltag zu reagieren ist. Eine Reaktion, eine Antwort auf eine Situation im Außen, im Alltag, wird dann zuerst auf den Frieden hin geprüft. Die Entscheidung fordert dann unbedingten Frieden, ganz gleich, was der negative Impuls nun in der Situation von dir fordert.

Was, wenn der Impuls – das gewohnheitsmäßige Denken – ein negatives Gefühl wie Wut, Ungerechtigkeit, Hass, Zorn, Unruhe, Zweifel und so weiter erzwingen will? Wie änderst du das jetzt am besten?

Du übernimmst die Verantwortung ganz bewusst und änderst dein Denken und Fühlen mit aller Entschlossenheit und Konsequenz. Du entscheidest dich in jedem Augenblick deines Lebens für

Frieden
Liebe
Wertschätzung
Güte

Barmherzigkeit
Mut
Harmonie
Freude
Dankbarkeit
Kühnheit
Furchtlosigkeit
das Leben – Gott – selbst.

Deine Referenz, dein gewohnheitsmäßiges Denken, ist dann absoluter Frieden oder eine der oben genannten Tugenden. Entweder weil du es fühlst oder weil du es willst. Du beginnst wie ein Athlet deinen Willen zu stählern, zu trainieren, indem du alles aus der Brille der Wertschätzung betrachtest. Du beginnst deinen Nächsten zu lieben wie dich selbst. Warum? Weil du weißt, dass dein Gegenüber nur sein Herz und seine Seele nicht mehr fühlt und auf den falschen Berater hört. Willst du ihn dafür verurteilen? Oder willst du ihm helfen?

Gute Gewohnheiten sind wie ein Magnet, sie ziehen die Situationen an, die das Wesen dieser Gewohnheit sind. Das Ego nutzt die Gewohnheit als ein Mittel, mit der es dich immer wieder vor den Karren spannen kann. Es zwingt dich, rational zu denken und zu urteilen, es zwingt dich, negativ zu fühlen. Es will, dass du dich wie eine Reaktionsmaschine, im besten Falle gänzlich unbewusst, verhältst. Es will, dass du die von ihm und von dir erschaffenen, gepflegten negativen Gewohnheiten beibehältst. Dann hat es ein leichtes Spiel, deine Seele zu regieren und dich von der einzigen, wichtigen Liebe deines Lebens fernzuhalten – dem Leben selbst, Gott.

Deshalb ist es so wichtig, mit dem Herzen zu denken und mit dem Verstand zu fühlen. Es ist so einfach zu ändern. Werde dir deiner Gewohnheiten oder der Gewohnheiten der Menschen bewusst und ändere alles hin zur Liebe, zu Respekt und Wertschätzung. Friedlich, konsequent und ganz sachlich „hungerst" du das Negative in dir aus!

> *„Gegen die Gewohnheit des Herzens ist die Gewohnheit*
> *des Verstandes machtlos."*

Oh, mein Gott ...

Ist dir schon einmal aufgefallen, wie oft du selbst oder die Menschen sagen: „Oh, mein Gott." Mir ist bewusst geworden, dass diese Phrase x-mal am Tag benutzt wird. Ich dachte mir: „Wundervoll, wie gläubig die Menschen doch sind, so oft am Tag sprechen sie zu Gott: „Oh, mein Gott." Dann habe ich mir genau angeschaut, in welchem Zusammenhang die Worte ausgesprochen werden. Zu 99 % wird dieser Ausdruck gerufen, wenn etwas Negatives geschieht, wenn der Mensch sich erschrickt, entrüstet ist, Unverständnis hat oder an etwas verzweifelt.

Es fällt ein Glas mit Wasser um ... „Oh, mein Gott."
Es geschieht ein Unfall ... „Oh, mein Gott."
Irgendjemand macht etwas Dummes ... „Oh, mein Gott."
Langer Stau ... „Oh, mein Gott."
Autopanne mitten im Nirgendwo ... „Oh, mein Gott."
„Oh, mein Gott ... ist die oder der doof."
Jemand schlägt einen anderen Menschen ... „Oh, mein Gott."
In einem Film wird der Hauptdarsteller erschossen ... „Oh, mein Gott."
„Oh, mein Gott ... bitte hilf mir."
Was ist mit Freude, was bei freudigen Ereignissen?
„Oh, mein Gott ... ist der Welpe süß."
„Oh, mein Gott ... ist die Blume schön."

Selbst bei einem Orgasmus wird der Name Gottes geschrien. Vielleicht weil die Kraft des Orgasmus – und ich meine damit die gesamte Auf- und Entladung dieser Kraft –, einen kleinen Geschmack auf die allmächtige „Power" Gottes wiederspiegelt.

So hechten die Menschen, ohne zu überlegen, dem Gefühl des Orgasmus oder dem Geschlechtsverkehr hinterher, um einen schönen befreienden Augenblick zu erhaschen. Der permanente Wunsch nach Sexualität ist neben der Gier des unbedachten Essens die größte negative Gewohnheit. Der kurzweilige Akt des Geschlechtsverkehrs ist ein Weg des Egos, die Menschen unbewusst zu halten. Das Ego täuscht damit einen glückseligen Zustand vor und lenkt den Menschen über die Sexualität vom Herzen ab. Ich meine hier nicht die geschlechtliche Vereinigung zweier Menschen, die sich in zärtlicher Liebe zueinander vereinen.

Eine viel tiefere anhaltende Erfahrung der Glückseligkeit und des tiefen Friedens kann in der Meditation oder bei einer göttlichen Erfahrung mit dem eigenen Herzen, der Seele gemacht werden. Dieser Frieden kann dann überall und in jedem Moment gespürt werden. Die eigene gesunde Seele zu spüren ist ein enormes Glücksgefühl. In der tiefen Meditation oder beim Erfahren der Lebenskraft (der Kundalini) wird immer auch von ekstatischen Orgasmen gesprochen. Ich selbst habe diese Kraft oft erlebt und in nicht seltenen Fällen können Menschen in meinen Seminaren die Phänomene der heiligen Kundalini ebenso erfahren. Wer dieses Gefühl einmal erfahren hat, weiß, es ist ein göttliches Geschenk, welches nicht von Bedingungen abhängig ist. Dazu ist nicht die Vereinigung von Mann und Frau notwendig, sondern die Vereinigung von Herz und Seele mit Gott. Was für ein erbärmlicher Versuch des Egos, auf so eine primitive Weise die wahren Freuden Gottes vorzutäuschen.

Es ist auch eine Gewohnheit, ein Trick, den das Ego mit dem Orgasmus nutzt. Es macht es dir zur Gewohnheit, dich über Sexualität nachdenken zu lassen, somit sind deine Gedanken und Triebe beschäftigt.

Heilige und Menschen, die wahrhaftig erkennen, lassen sich von diesem Trieb nicht täuschen. Sie suchen diese Kraft im Gebet und der Meditation, in der Vereinigung Gottes, denn diese seine Freude ist ewiglich, ohne Ende und sie ist keine Täuschung. Aber kommen wir zurück zu „Oh, mein Gott". Was sagt der Mensch nun, wenn er „Oh, mein Gott" sagt? In Wahrheit sagt er:

„Oh, mein Gott, siehst du nicht das Elend der Welt?"
„Oh, mein Gott, hilf mir, ich bin unwissend und habe mein Herz verloren."
„Oh, mein Gott, ich habe Angst."
„Oh, mein Gott, wo bist du denn?"
„Oh, mein Gott, wie kannst du das alles nur zulassen."

Er schaut durch die negative Brille der Gewohnheit. Die Gewohnheit von Schmerz und Leid, denn er fühlt ja gerade ein Unwohlsein in sich. Somit steht der Ausspruch „Oh, mein Gott ..." mit einer starken negativen Kraft in Verbindung. Diese erneuert sich jedes Mal, wenn die Gedanken „Oh mein Gott ..." als gewohnheitsmäßige Antwort in Zusammenhang mit Angst, Schrecken, Unwohlsein, Unverständnis oder sonst einem üblen Gefühl genutzt werden. Der Gedanke an Gott wird somit vom Ego missbraucht. Eigentlich sollte man sagen: „Oh, mein Gott, ich habe Angst und ich bin verunsichert, weil ich mein Herz und meine Seele nicht fühlen kann, deshalb rege ich mich auf oder ich fürchte mich."

Ich habe mir angewöhnt (und ich tue das in Gedanken), die Aussage, sobald ich diese höre, mit einigen Worten zu verlängern.

„Oh, mein Gott ... ich liebe dich."

So kannst du immer, wenn der Gedanke „Oh, mein Gott" in deinen Sinn kommt, „Ich liebe dich" hinten dranhängen.

Das kannst du immer tun, sobald du es von anderen, im Fernsehen, im Radio oder sonst wo hörst. „Oh, mein Gott, ich liebe dich."

So einfach kannst du die Dinge ändern und du kannst dir nicht vorstellen, wie oft du plötzlich bewusst an Gott denkst. Und wieder kann ein Gewohnheitsdenken in Liebe gewandelt werden.

Daher denke allzeit nur an Mich und kämpfe. Wenn Geist und Verstand fest auf Mich gerichtet (in Mich versenkt) sind, wirst du ohne Zweifel allein zu Mir kommen. Bhagavad Gita VIII-7

Vielleicht zweifelst du und brauchst jetzt einen starken Glauben, dass das alles wirklich so ist, weil du diesen Frieden in dir noch nicht fühlen kannst. Darum ist Glaube so wichtig. Der Glaube trägt dich zu einer Erfahrung. Sobald du die Erfahrung inneren Friedens machst, die Erweckung der Kundalini oder Ähnliches, dann weißt du, dass es so ist. Dann glaubst du nicht, dann weißt du es. Die Unwissenheit hebt sich auf und du blickst hinter die Kulissen des Spiels der 1.000 Dinge. Die Wahrheit drückt sich dann mehr und mehr in deinem Herzen aus. Das einzige Verlangen wird dann sein, glücklich zu sein und Gott zu lieben, vielleicht sogar ihm dienen zu wollen.

Die stärkste Kraft ist dein Wille. Es ist dein Glaube, gepaart mit der Entschlossenheit, Gott finden zu wollen, ganz gleich wie lange es dauert. Ob ein Leben, 100 oder 100.000 Leben, wenn dein Wille stark genug ist, die alte Kruste der Gewohnheiten zu durchbrechen, wirst du durchhalten bis zu dem Tag, an dem Gott deiner Seele gnädig sein wird. Vergiss nicht, kein Vater und keine Mutter kann eine Bitte des Kindes abschlagen, wenn sie aus dem Herzen kommt. Und dennoch bleibt es sein alleiniger Wille, wann dieser Tag für dich gekommen ist.

Ich habe mit fester Hand und absoluter Konsequenz den Magneten in meinem Herzen durch Handlungen von Vergebung, Eigenliebe, ein offenes Herz, tiefe Gebete und mit dem Rezitieren von Mantren auf den Magneten Gottes ausgerichtet. Ich habe mich gegen alles in mir gewehrt, was mich in Unruhe versetzen wollte, eben auch gegen alle Gewohnheiten. So habe ich durch die Gnade Gottes Frieden in meinem Herzen und meiner Seele gefunden.

Sprich den folgenden Satz aus deinem Herzen so oft er dir einfällt. Schreibe ihn auf einen Zettel, damit du ihn nicht vergisst.

„Vater (lieber Gott), ich möchte dir sagen, dass ich dich liebe!"

Auch hier kannst du es dir zur Gewohnheit machen, jedes Mal, wenn du einen Raum betrittst oder verlässt, diesen Satz in Gedanken zu sprechen.

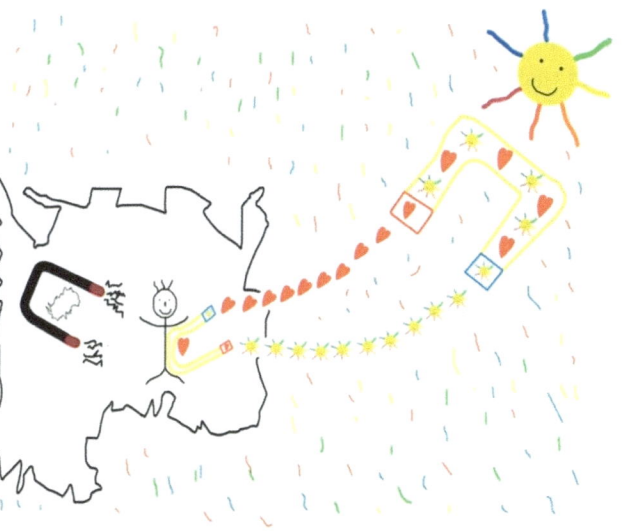

Bild 45: Ein Mensch zieht die Kraft Gottes magnetisch an

Tipp:

Schreibe alle Verhaltensmuster und Gewohnheiten auf, die dir bewusst werden. Mach dich auf die Jagd. Begib dich in den „jetzigen Moment", indem du deine Wahrnehmung, deine Konzentration auf deine Zehen, Daumen oder deinen Atem richtest, oder indem du ein Mantra wiederholst. Das bringt dich augenblicklich aus einer festen Gewohnheit oder auch aus einem negativen Gefühl. Es ist wie ein Streiten im Inneren: „Denk jetzt negativ" – die Antwort darauf: „Nein, ich bin jetzt glücklich. Ich liebe mich." Es ist ein Prozess und es geschieht Moment für Moment, es ist so wichtig, wachsam zu sein. Durchdringe alle Gewohnheit, in der alles verbrennenden Liebe Gottes, durch die Kraft der Vergebung und richte dein Herz und deine Seele auf das Leben – Gott – aus.

Gebet

„Lieber Gott, ich bitte um Vergebung, dass ich dich in meinem Herzen nicht als Erstes gesucht habe.

Ich bitte um Vergebung, dass ich mich selbst nicht so sehr liebe, wie du es tust.

Ich danke dir von ganzem Herzen, dass du dein Versprechen wahrgemacht hast und du in meinem Herzen tief verankert bist, so dass ich dich immer finden kann, wenn ich es wirklich will, danke."

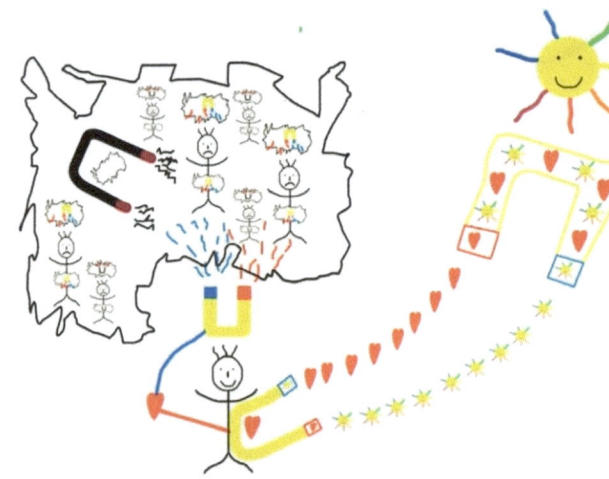

Bild 46: Ein starkes, in Gott ruhendes Herz kann anderen Seelen helfen

14
Vergebung

In meinen Seminaren stelle ich manchmal die Frage: „Wer ist immer anwesend, wenn in deinem Leben ein Problem auftaucht? Wer ist immer mit von der Partie?"

Ja richtig, du bist es selbst. Ganz gleich auf welcher Art und Weise eine Situation oder ein Problem sich dir zeigt, einer ist immer anwesend, und das bist du selbst. Das soll nicht bedeuten, dass du verantwortlich für die Probleme bist, aber du erlebst sie. Sie berühren dich und du fühlst sie meist als negative Stimmungen in dir.

Ein Problem zeigt sich, wenn eine Situation in deinem Leben auftaucht, bei der du ein ungutes Gefühl bekommst, du den Wunsch hegst, andere mögen ihr Verhalten diesbezüglich verändern, und zwar so, dass es dir besser geht.

Ein Problem findet immer in dir statt und hat mit deinen Gefühlen und Gedanken zu tun. Du kannst jetzt die Verantwortung für das Problem in dir übernehmen und entscheiden, wie du mit deiner problemhaften Situation umgehen willst.

Also kannst du dir die Frage stellen, ob du mit Liebe und Vergebung oder mit Ärger auf deine verletzten oder unruhigen Gefühle reagieren willst.

Mahatma Gandhi hat mit absoluter Wehrlosigkeit gehandelt, auch als Engländer ihm ins Gesicht schlugen. Er handelte auch sich selbst gegenüber, gegenüber seinen negativen Gefühlen und Gedanken mit absoluter Wehrlosigkeit.

Als mir das bewusst wurde, erleichterte das mir sehr vieles, denn ich konnte sofort aufhören, einen Schuldigen zu suchen. Mir wurde klar, dass, wann immer sich ein Problem zeigt, das mich stört, ich derjenige bin, der entscheidet, ob es ein Problem für mich ist oder ob ich die Situation als Möglichkeit sehe, mich in den Tugenden zu trainieren, Gott zu dienen und zu vergeben.

Dabei ist es völlig unerheblich, ob die Situation nun karmischer Art ist oder ob es einfach nur eine alltägliche Situation ist, in die ich hineingeraten bin. Ich treffe die Entscheidung. Eines haben alle Probleme an sich, sie versetzen dich in Unruhe oder Angst und sie hindern dich daran, die Stimme deines Herzens zu hören. Du kannst ein Problem auch als einen Prüfstein sehen. Einen Prüfstein, um festzustellen, inwieweit du gefestigt bist, mit dem Herzen zu denken und dem Verstand zu fühlen.

Es geht einzig um die Liebe. Wie viel Liebe bist du bereit gegen die negativen Gedanken und Gefühle einzutauschen? Ich möchte hier nur nochmals erwähnen, dass auch „konsequentes Handeln" für mich eine liebevolle Weise ist, mit meinen Mitmenschen umzugehen. Konsequenz ohne jegliches Gefühl von Unruhe oder Ärger, sachlich und klar, verbunden im Herzen mit Gott. Konsequenz bedeutet für mich, „in liebender Strenge" zu handeln. So wie Maya es in ihrem Buch „Das letzte Siegel" beschreibt.

Vergebung bedeutet nicht, keine Grenzen zu setzen. Grenzen in Liebe und Klarheit, in liebender Konsequenz.

Bei besonders hartnäckigen Fällen habe ich ganz oft folgenden Satz gesprochen:

„Lieber Gott, was auch immer der Grund ist, dass ich in diese Situation geraten bin, ich kann mich nicht daran erinnern, was ich getan habe oder nicht getan habe, dass sich diese Situation mir zeigt. Ich vergebe mir jetzt meine Gefühle, die ich in diesem Moment zu dieser Situation empfinde.

Ich vergebe allen Personen und allen Wesen, die daran beteiligt sind. Es tut mir leid, dass ich mit negativen Gefühlen reagiere, und ich bitte auch um eure Vergebung. Aber ja, ich ändere das jetzt.

Lieber Gott, ich bitte dich um Vergebung, lehre du mich Ruhe und Gelassenheit, damit ich deinen Frieden in meinem Herzen leben kann.

Eine weitere Frage kann sein:

„Was ist mein Problem an dieser Situation?" Was bereitet mir wirklich Probleme mit einer negativen Situation? Ich konnte erkennen, dass meistens andere Menschen mit an einer Problemsituation beteiligt waren. Es war dann für mich offensichtlich, dass ich sofort die beteiligte Person dafür schuldig sprach, weil ich ein negatives Gefühl in mir spürte. Ich stellte dann fest, dass mein eigentliches Problem in negativen Situationen immer das negative Denken und Fühlen ist, welches ich wahrnehme, und nicht der Mensch vor mir oder die Situation an sich.

Es gehört in diesen Momenten sehr viel Ehrlichkeit dazu, sich selbst nicht zu täuschen, sich einzugestehen, dass das Übel in einem selbst liegt. Das Ego ist der Puppenspieler der negativen Gefühle, Ideen und Vorstellungen. Das bedeutet jetzt nicht, dass man nichts mehr sagt oder keine Anmerkungen ausspricht, aber: sachlich bleiben und dabei Frieden fühlen!

Ich möchte das negative Gefühl in mir nicht akzeptieren oder mich dann womöglich auch noch von diesem Gefühl des Egos in Versuchung bringen lassen. Ich will nicht nach Argumenten suchen, warum das Problem jetzt wirklich ein Problem sein soll. Nein, ich kehre die Situation um, ich bin bereit zu vergeben. Ich vergebe mir selbst, dass ich dieses negative Gefühl habe oder weitergebe, dass ich mich in diesem Moment gegen mein Herz und meine Seele richte.

Ich bitte um Vergebung und ich bitte Gott um Vergebung, dass ich ihm nicht vertraut habe. Wirklich ehrlich zu sich selbst zu sein und zu schauen, wo die eigenen Verletzungen liegen, bedarf eines riesengroßen Maßes an Ehrlichkeit und Mut sich selbst gegenüber. Ich bin bereit zu akzeptieren, dass ich etwas Negatives fühle, ich verdränge es nicht. Ich lerne es zu ändern, indem ich mit Liebe auf mich und auf meine negativen Gefühle schaue. Ich ändere das negative Fühlen, indem ich mir mit ganz konsequenter Entschlossenheit deutlich mache, dass es jetzt reicht. Ich bin der Richter meines Denkens und Fühlens und „genug ist genug". Die Peinigungen und Verwirrungen haben jetzt ein Ende. „Jetzt ist Schluss, ich entscheide mich für die Liebe, für mein Herz, meine Seele, mein Leben."

Jetzt ist Schluss, es reicht!!! Aber ja, ich ändere das JETZT!!! Ist ein sehr wichtiger Satz in Bezug auf Zweifel.

Ein einfaches Beispiel:

Jemand sagt zu dir: „Geh mal in den Keller und hol eine Flasche Wasser herauf." Du sitzt gerade auf dem Sofa und das negative Gefühl lässt dich wissen, dass du keine Lust dazu hast. Dann überwinde dich, steh auf, tue es dennoch gerne und zeige dem negativen Gefühl, was du von ihm hältst, indem du jetzt ganz bewusst nicht nur einmal, sondern gleich dreimal die Treppe rauf- und runtergehst. Einfach nur, um das letzte Wort zu haben. Tue einfach alles, was du tust, gerne.

Vor einigen Tagen fuhr ich am Abend nach Hause. Wir wohnen in einer kleinen Siedlung, in der ein Tempolimit von 30 km/h gilt. In dem Moment, als ich auf die Straße der Siedlung einbog, bog auch ein weiteres Fahrzeug direkt hinter mir ein. Ich fuhr genau 30 km/h. Das Fahrzeug hinter mir fuhr ziemlich dicht auf und ich spürte, dass der Fahrer hinter mir sichtlich nervös war. Die Straße geht eine Weile geradeaus und auf der rechten Seite sind Parkbuchten, die quer zur Straße verlaufen. Um einzuparken, muss man ein wenig nach links ausscheren, um einen ausreichenden Winkel zu bekommen.

Ich fuhr etwas langsamer, blinkte rechts und wollte dann einparken, als mich das Auto hinter mir recht aggressiv und mit spürbarer Ungeduld überholte. Ich fühlte die Unruhe und Aggression des Fahrers und das Ego nutzte die Gelegenheit, eine Taste in mir zu drücken. Was jetzt passierte ist entscheidend. In mir kam das Gefühl auf: „So ein rücksichtsloser Typ." Und ich blinkte zwei Mal kurz auf, um ihm „klarzumachen", dass ich nicht einverstanden war mit seiner rücksichtslosen Fahrweise. Ich fühlte mich zudem noch für einen Augenblick ungerecht behandelt, dass mir der Fahrer nicht die Zeit gab, in Ruhe einzuparken, und das, obwohl ich doch schon so langsam gefahren war. Ich parkte ein und es fuhr ein weiteres Fahrzeug an mir vorbei. Ich saß noch einige Sekunden im Auto und fragte mich, warum ich jetzt eigentlich die Lichthupe gegeben hatte. Ich spürte sofort nach, in welchem Moment ich nicht achtsam gewesen war und der Unruhe folgte.

Werde zum Jäger deiner Kränkungen!

Ich nahm wahr, dass das Fahrzeug, welches mich überholt hatte, einen langen Weg Vollgas im Rückwärtsgang zurücksetzte und direkt an meinem Fahrzeug stehen blieb. Die Beifahrerscheibe war unten und eine Frau schaute vom Fahrersitz zu mir herüber. Sie wollte offensichtlich, dass ich zu ihr gehe, um mit ihr zu sprechen. Ich nahm auch wahr, dass sie über die Freisprechanlage mit jemandem telefonierte und diese leiser stellte, als ich an das Fahrzeug herantrat. Sie fragte mich aufgebracht, was eigentlich das Problem sei und warum ich dem anderen Fahrer eine Lichthupe gegeben hatte. Ich wusste selbstverständlich warum. Ich war einen Moment lang unbeherrscht und unaufmerksam, deshalb tat ich es. Aber das sagte ich ihr natürlich in diesem Moment nicht. Dann begann das Spiel der Schuld mit den negativen Worten und Gefühlen. Ich war überrascht von dieser Situation und meinte ein wenig rechtfertigend: „Wir befinden uns in einer 30er Zone, da sollte man ein wenig rücksichtsvoller sein." Sie erwiderte dann, ob mich denn der Fahrer bedrängt hätte. Alles in einem etwas provozierenden Tonfall. Ich meinte: „Ja, er ist schon sehr nah aufgefahren." Sie fragte wieder irgendetwas und ich spürte in mir noch mehr Unruhe. Meine Stimme war schon nicht mehr friedlich und in meinen Worten klang Rechtfertigung und Aggression mit. Ich fragte sie dann mit diesem Gefühl in der Stimme, warum sie das alles wissen wolle. Sie antwortete: „Ich will nur wissen, warum Sie die Lichthupe betätigt haben." Und sie sagte noch: „Andere wollen auch nach Hause." Das innere Toben war bei ihr deutlich zu spüren. Ich antwortete schon mehr unfreundlich: „Dann wissen Sie es ja jetzt."

Ich war nicht mehr Herr der Lage und das Ego spielte wieder einen seiner Taschenspielertricks. Ich hätte auch sagen können: „Rutsch mir doch den Buckel runter, was interessiert mich dein Geheul." Der Sinn wäre der Gleiche gewesen. Was kann nun vorausgegangen sein? Ich gehe davon aus, dass die beiden sich kannten und zusammen telefoniert haben, während sie fuhren. Sie hatten es eilig, nach Hause zu kommen. Als ich dann die Lichthupe gab, beschwerte sich vielleicht der erste Fahrer über meinen Fahrstil, und die Dame setzte den Wagen zurück, um mal Klartext mit einem Typen wie mir zu reden.

Aber warum setzte sie zurück?? Sie setzte aus dem gleichen Grund zurück, weshalb ich die Lichthupe gab. Innere Unruhe und das Gefühl von Ungerechtigkeit. Wer hatte jetzt das Problem. Zum einen sie, da sie ja jetzt diese Ungerechtigkeit fühlte. Aber auch ich, denn sie war ja vor mir und diskutierte jetzt mit mir. Im Grunde sagte sie: „Ich bin innerlich verletzt und du hast mich daran erinnert, dass diese Verletzung in mir ist, oder ich weiß nicht, was meine Seele ist, und ich habe Gott im Herzen verloren, das schmerzt mich zutiefst."

Ja ich habe sie daran erinnert und das tat mir wirklich leid. Mich beschäftigte dieser Vorfall noch den ganzen Abend. Ich vergab mir, dass ich es nicht geschafft hatte, dem Gefühl in mir, während mich der Fahrer überholte, sofort zu vergeben. Ich begann zu vergeben, dass ich aufgrund des unruhigen Gefühls die Lichthupe gab. Ich vergab, dass ich das Gefühl der Ungerechtigkeit nicht mit Liebe angeschaut hatte. Somit hatte ich jetzt einiges im Nachhinein zu tun.

Ich habe die Worte „wäre" und „hätte" aus meinem Wortschatz gestrichen, aber hier möchte ich sie gerne benutzen. Wäre ich ruhig geblieben, hätte ich ihr und mir und dem ersten Fahrer viel erspart. Ich hätte dem Puppenspieler, dem Ego, keine Möglichkeit gegeben, sich wieder mit Angst, Wut und Zweifel in Erinnerung zu bringen, weder bei mir noch bei den anderen.

Also wenn ein Problem auftaucht, wer ist immer anwesend? Immer du selbst und der Puppenspieler. Mal angenommen, die beiden kannten sich wirklich, dann kann ich fast zu 100 Prozent sicher sein, dass diese Situation noch für Gesprächsstoff gesorgt hat. Und mit großer Sicherheit, auch wenn das jetzt eine Annahme ist, wurde negativ über die Situation geredet. Auch führte dieses kleine Unternehmen dazu, dass die beiden nun in negativen Gefühlen baden würden. Gut, dafür kann ich keine Verantwortung übernehmen, aber ich kann lernen, mich in Liebe und Güte auszudrücken. Immer und zu jeder Zeit in meinem Leben. Denn wenn ich gütig und liebevoll denke und fühle, wer erfährt es immer?

Ich selbst und was bleibt, ist der Frieden in mir.

Gebet:

„Lieber Gott, ich vergebe mir selbst, ich vergebe mir alle meine Fehler, ich vergebe mir mein übles Denken und Fühlen. Ich vergebe mir, deine Liebe nicht anzunehmen. Ich vergebe mir, meine Seele nicht zu fühlen. Ich vergebe mir, meiner Seele nicht zu helfen, zu vergeben. Ich bitte um Vergebung für all diejenigen, die mir übel zugespielt haben und dies noch immer tun. Ich bitte um deine Liebe und um deine Vergebung. Ich liebe dich von ganzem Herzen, mit meiner ganzen Kraft, meinem ganzen Denken und Fühlen, mit meiner ganzen Seele. Ich liebe dich, Gott, Vater im Himmel, unendlich verzehre ich mich nach dir und nach der Liebe deines barmherzigen Sohnes Jesus Christus. Oh, mein Gott, ich liebe dich!

15
Vergebung und Karma

Viele Beziehungsgeflechte sind karmischer Art. Karmisch bedeutet, dass Fehler, die in vorangegangenen Leben getan wurden, nun Leben für Leben ausagiert werden müssen. So lange, bis die beteiligten Personen sich gegenseitig vergeben und verziehen haben. Oder bis die Tat bereut und auf irgendeine Art und Weise wiedergutgemacht wurde. Manchmal greift auch Christus selbst ein, um eine Seele zu befreien. Ich habe dieses Erlebnis selbst erfahren und es ist unbeschreiblich schön, sich plötzlich leicht wie eine Feder im Wind zu fühlen, Freiheit zu erlangen, frei zu sein von allen Behinderungen. Ich möchte hier nicht näher auf meine persönliche Erfahrung eingehen, aber die folgende Geschichte soll nochmals verdeutlichen, wie wichtig es ist zu vergeben.

Warum vergeben? Weil wir nicht mehr wissen, welche Situation nun karmisch ist und welche nicht. Aus diesem Grunde habe ich es mir zur Aufgabe gemacht, alles und allem immer und immer wieder zu vergeben. Ich habe einfach keine andere Wahl mehr und ich will auch gar nicht anders, als vergebend und liebend auf mich und meine Mitmenschen zu schauen. Das ist es, was ich Gott zurückgeben will, seine Liebe in meinem Herzen zu offenbaren, sofern er es mir erlaubt, denn noch immer ist es Sein Wille, der geschieht.

Jetzt aber zur Geschichte.

Wir schreiben das Jahr 1217, es ist ein kalter und nasser Dezembertag.

Peter steht mit seinen durchnässten Fellschuhen hinter einem Baum. Er schaut über die verschneite Landschaft rüber zu dem einsam gelegenen Gehöft. Seit Stunden harrt er der Kälte und langsam gehen seine Kräfte zur Neige. Der Wind peitscht den leichten Schnee in das kleine Wäldchen, an dessen Rand er seinen Beobachtungsposten bezogen hat. Er fühlt sich innerlich zerrissen, aber er hat keine andere Wahl. Er hatte all die Jahre hart gearbeitet und er konnte sich, seinen drei kleinen Kindern und seiner Frau eine kleine Hütte am Wald leisten. Er war gottgläubig und ein ehrenhaftes, redliches Verhalten war ihm das Wichtigste.

Diese Werte zu achten und zu leben, das brachte er auch seinen Kindern bei.

Umso elendiger fühlte er sich nun, hier zu stehen, darauf wartend, dass der Bauer sein Haus verlassen würde, um ihn zu bestehlen. Seine eigene Hütte wurde von Dieben niedergebrannt und er verlor in diesem Zuge alles. Bis auf einige Töpfe, einige warme Felle und die nötigste Kleidung blieb ihnen nichts. Seine Familie hatte überlebt, aber niemand wollte ihnen helfen und so baute er einen Verschlag im Wald. Er war ein guter Jäger und konnte so immer für Nahrung sorgen.

Doch seit einigen Wochen hatte ihn sein Glück verlassen und es war nicht möglich, etwas Wild zu fangen. Es waren einfach keine Tiere zu sehen. Der eisige Winter tat sein Übriges. Seine Familie litt Hunger und das kleinste Kind war bereits verstorben. Er wusste, dass der Bauer einen großen Vorrat an Lebensmitteln in seinem Hause lagerte. Mehrmals hatte er dem Bauern seine Arbeitskraft angeboten, aber der Bauer war ein hartherziger Mensch und scheuchte Peter immer wieder vom Hof.

Das Schneetreiben hatte aufgehört und die Sonne kam zum Vorschein. In diesem Moment konnte Peter sehen, wie der Bauer mit seinem Karren das Haus verließ. Peter wartete noch eine Weile, zog seine Jacke zusammen und rannte durch den Schnee zum Hof. Er war der Verzweiflung nahe, er hatte nun mehrfach alles durchsucht, konnte aber bis auf die wenigen Kartoffeln und den Schinken nichts an essbarem Lebensmittel finden. Er nahm dann noch den Zunder, das Material zum Feuermachen, mit und verschwand. Was Peter nicht wusste, war, dass auch der Bauer bereits seit Tagen Hunger litt und ebenso seine Frau, die über den 9. Monat schwanger war. Die Niederkunft stand kurz bevor. Die Kartoffeln und der Zunder, um es warm zu halten, waren der einzige Besitz, der dem Bauern geblieben war. Denn auch er wurde von den Dieben ausgeraubt. Jetzt kam wieder ein Dieb und der nahm ihm alles, was er noch hatte.

Als der Bauer spät in der Nacht nach Hause kam, bemerkte er den Einbruch und auch die fehlenden Kartoffeln sowie das Feuermaterial. Stark geschwächt lag seine Frau auf dem Bett und sie verstarb in der Nacht an Verzweiflung und Hunger, kurz bevor sie das Kind gebären konnte.

Der Bauer sah am Morgen Spuren im Schnee und folgte diesen. Er wusste, dass es die Spuren des Diebes sein mussten. Er folgte den Spuren und konnte im tiefen Wald den Dieb erkennen. Er schwor sich Rache.

Peter ahnte nichts davon, aber er war in der Lage, seine Familie mit dem Zunder und den Kartoffeln einige Zeit über Wasser zu halten. Was er nicht wusste, war, dass die Bauersfrau aufgrund seiner Tat verstarb, und dass ihm Rache geschworen wurde. Im Frühjahr, als Peter von der Jagd nach Hause kam, fand er seine Familie ermordet vor. Durch Zufall erinnerte er sich an einen Hammer im Wald, der dort vergessen worden war.

Peter hatte bereits erfahren, dass die Bauersfrau aufgrund seiner Tat gestorben war, und sein Herz brannte um Wiedergutmachung. Viele, viele Male hatte er Gott um Vergebung gebeten. Als er seine Familie begrub, hatte er eine Vision, die ihm ermöglichte, dem Bauern zu vergeben. Tief in seinem Herzen wusste er, dass ihn etwas zu dieser Tat getrieben hatte. Etwas, das zwischen ihm und dem Bauern lag. Leben für Leben. Er wollte das beenden.

Zu dieser Zeit erfuhr er, dass der Bauer auf dem Sterbebett lag. Er bat, beim Bauern vorsprechen zu dürfen. Er wollte ihm sagen, dass er ihm vergeben habe und dass er um Vergebung bitten möchte. Der Bauer wollte von alledem nichts wissen, sein Hass über den Tod seiner Frau und des ungeborenen Kindes saß zu tief. Dann verstarb der Bauer.

Wir schreiben das Jahr 2015. Peter ist ein strebsamer, fleißiger Mitarbeiter eines Unternehmens, hat ein gutes Auskommen und sein Herz liegt an der richtigen Stelle. Er glaubt an Gott und an die Vergebung. Aber in seinem Leben gibt es eine unangenehme Situation. Peter ist mit seiner Familie beruflich bedingt auf ein Dorf gezogen. Sein neuer Nachbar ist alles andere als freundlich. Der Nachbar tyrannisiert und verleumdet die gesamte Familie auch über die Grenzen des Dorfes hinaus. Peter ist am Rande der Verzweiflung und alle seine Versuche, den Nachbarn zu besänftigen, schlagen fehl. Der Nachbar ist der Bauer aus dem Leben um 1216.

Im heutigen Leben ist Peter ein spiritueller Mensch und er begibt sich zu einem sehr guten Medium. Dort wird von Gott erlaubt, dass er auf das vergangene Leben Rückschau halten kann. Auf das Leben, welches dafür verantwortlich war, dass es in diesem Leben mit dem Nachbarn nicht so rund läuft. Jetzt versteht Peter, warum der Nachbar so entschlossen ist, ihm das Leben schwerzumachen. Es ist der alte Schmerz, der noch immer in der Seele brennt, der nicht vergeben wurde. Peter ist jetzt sehr motiviert, mit noch mehr Liebe auf diese Situation zu schauen. Er bittet bei Gott um Vergebung für seine damalige Tat. Er bereut zutiefst und er betet jeden Abend intensiv auch für die Seele seines Nachbarn. Denn er weiß, dass diese noch keine Ruhe, keinen Frieden gefunden hat. Peter vergibt sich auch selbst Abend für Abend.

Auf alle negativen Reaktionen seines Nachbarn reagiert er nur mit Güte und Wertschätzung. Er ist sich vollkommen bewusst darüber, dass der Nachbar noch in tiefem Schmerz lebt, obwohl bereits so viele Leben vergangen sind. Immer tiefer wächst das Verlangen bei Peter, die Situation in Liebe zu lösen.

Eines Morgens treffen sich beide in der Dorfbäckerei und Peter hält dem Nachbarn freundlich die Türe auf, während er ihm liebende Gedanken zusendet.

Irgendetwas veränderte dieser Augenblick im Bewusstsein des Nachbarn. Er konnte die Ehrlichkeit und die Wertschätzung in den Augen von Peter für nur einen kurzen Augenblick in seinem Herzen wahrnehmen.

Am Nachmittag sitzt der Nachbar in seinem Wohnzimmer und schlägt ein Buch auf, das er aus seinem Bücherregal entnommen hatte. Wie verwundert schaut er auf die Seite und liest die Überschrift „Vergebung". Er spürt eine plötzliche Wärme in seinem Bauchraum und wird sich mit einem Male bewusst, dass er mit seiner Hartherzigkeit nicht nur sich selbst geschadet hat. Plötzlich steigen in ihm alte Erinnerungen von Verletzungen auf, die er in diesem Leben erfahren hat. Auch Situationen, in denen er durch seine strenge Haltung andere Menschen verletzt hat. In Ihm beginnt etwas zu bereuen und er wird sich bewusst, dass sein bisheriger Weg, dem Leben zu begegnen, nicht der richtige war.

In den kommenden Tagen beobachtet er sich ganz genau und fragt sich immer öfter, warum er so einen tiefen Groll gegen sich selbst und seinen Nachbarn hegt. Dabei mag er doch Kinder und hat sich immer gewünscht, Kinder in der Nachbarschaft zu haben, da ihm selbst dieser Wunsch nicht gewährt worden war.

Er wird sich mehr und mehr seiner Gefühle zu sich selbst bewusst und ein tiefer Wunsch nach Versöhnung erwacht in seinem Herzen. Er beginnt, sich mit Vergebung zu beschäftigen, und verbringt viel Zeit damit, das Wesen der Vergebung zu erforschen.

Nach vier Wochen nimmt er sein Herz in die Hände und spricht Peter an einem Nachmittag an.

„Ich möchte mich bei Ihnen entschuldigen für meine harten Worte und meine strenge Haltung gegenüber Ihnen und Ihrer

Familie. Es tut mir wirklich leid. Gerne möchte ich das auf irgendeine Weise wiedergutmachen."

Peter stand fast sprachlos vor seinem Nachbarn und dennoch brannte sein Herz innerlich vor Liebe und Dankbarkeit an Gottes gütiger Hilfe. Er wusste, dass seine Gebete erhört wurden.

Im Laufe der Jahre wurden Peter und sein Nachbar zu guten Freunden, die nicht nur die Vergebung und die Liebe zu Gott teilten. Sie waren im Herzen verbunden und wollten stets das Beste füreinander.

Peters unaufhörliche Gebete haben der Seele des Nachbarn gezeigt, wie heilsam Vergebung sein kann. Und so haben Peters Gebete der Seele des Nachbarn geholfen, über einen sehr alten, vergangenen Schmerz hinwegzukommen und Heilung zu erfahren.

16
Vergebung ist immer ein Akt des Herzens

Vergebung ist niemals vergebens. Ich vergebe und bitte Gott immer um Vergebung. Ganz gleich, welche Situation sich mir stellt. Immer wenn ich in Situationen gerate, wo es zwischen mir und meinen Mitmenschen oder zwischen mir und meinen Gedanken und Gefühlen Konflikte oder tiefere Unstimmigkeiten gibt, gehe ich dem nach. Ich spüre in meine Gefühle, meditiere darüber, bete tief und bitte um Klarheit. Ich vergebe und vergebe mir selbst. Ich bitte Gott dann um Vergebung für die Seelen der beteiligten Personen. Das ist nicht immer einfach und kostet auch mich jedes Mal ein gewisses Maß an Überwindung, aber ich spüre auch gleichzeitig wie gut es tut zu vergeben.

Aber ich liebe das Leben und ich liebe die Vergebung. Ist sie doch immer so heilsam und absolut notwendig auf dem Weg zurück in das Herz Gottes. So ist es nicht wichtig, welche Leben du gelebt hast. Was macht es für einen Unterschied, ob du als Heiliger oder als Unheiliger, als Reicher oder Armer, als Kranker oder Gesunder, als Täter oder Opfer die Erde mit deiner Anwesenheit beleuchtet hast. Einzig und alleine, was du jetzt in diesem Moment, in diesem Leben bereit bist zu geben, das zählt. Es ist Gottes Wille, der sich in deinem Herzen und in deiner Seele offenbart, wenn immer du bereit bist zu vergeben.

Vergebung ist der Pfeil, der in Liebe mitten in das nicht verzeihende Herz trifft und langsam den Trost des Verzeihens, des Friedens ausströmen lässt, um Herz und Seele in tiefen Frieden eintauchen zu lassen.

„Die Stille, die innere Sehnsucht ist gestillt, es ist das Ende der Suche, das Wissen und der Frieden nehmen ihren Platz ein. Die Seele ist frei.

Bild 47: Klarheit, Freiheit und Frieden

17
Übungen

Es gibt einige Dinge, die sehr hilfreich sind und die die Verbindung mit Herz und Seele schnell wieder zusammenführen oder helfen, das Ego zu entlarven.

Die tägliche Innenschau

Am Abend 5–10 Minuten sitzen und den Tag nochmals in Bildern vor dem inneren Auge vorbeiziehen lassen.

Schau dir einfach alle Situationen und Begegnungen an, die dir während des Tages begegnet sind.

- Was habe ich mit wem gesprochen?
- Wo habe ich die Unwahrheit gesagt?
- Was habe ich nicht gesagt, was ich aber hätte sagen wollen?
- Wo bin ich wütend geworden oder habe mich aufgeregt?

Schau einfach nur alles in Ruhe an, ohne es zu bewerten oder zu urteilen. Betrachte alles wie ein stiller Beobachter, als würdest du einen fremden Menschen beobachten.

Stelle dir folgende Fragen:

- Was habe ich gedacht oder gefühlt, was ich nicht hätte denken oder fühlen sollen?
- Was habe ich nicht gedacht oder gefühlt, was ich hätte denken oder fühlen sollen?
- Was habe ich getan, was ich nicht hätte tun sollen?
- Was habe ich nicht getan, was ich hätte tun sollen?

- Wo habe ich die Unwahrheit gesagt oder nicht gehandelt, wie ich es hätte tun können?

Bitte dann Gott und alle Beteiligten um Vergebung und vergib auch dir selbst.

Nimm dir vor, am folgenden Tag noch liebevoller und gütiger mit dir selbst, deinen Gefühlen und Gedanken sowie mit deinen Mitmenschen umzugehen.

Suche dir eine Tugend, wie zum Beispiel die Güte, und handele einen Tag lang nur aus diesem Gefühl heraus, dann einen weiteren Tag, dann noch einen, so lange, bis du die Güte in deinem Herzen wieder fühlen kannst.

Rezitieren von Gottes Namen (Mantren)

Um Gedanken und Gefühle aus dem gewohnten Prozess des Unbewussten zu reißen, ist es notwendig, ohne Unterlass diesen Strom zu unterbrechen. Ein Mantra permanent, in innerlicher Freude und Dankbarkeit gesprochen, baut enorme geistige Kräfte auf und wirkt wie Watte als Schutzschild. Es trainiert den Geist, und alles Negative wird entsprechend abgefedert. Nichts kann dich direkt treffen.

Ein Mantra oder ein Herzensgebet sollte mindestens drei Monate intensiv gedacht oder gesprochen werden, damit es seine bleibende Kraft entfalten kann, aber es macht selbstverständlich auch Sinn, weiterhin dabeizubleiben.

Mantren stärken den Geist unermesslich und führen dich direkt in das Herz Gottes. Es ist ganz gleich, ob du Gott fühlst oder seinen Namen sprichst, die Schwingung ist die gleiche. Gottes Namen unentwegt zu wiederholen ist eine Geheimwaffe im Herzen eines hingebungsvollen Wahrheitssuchers. Sie verändern die Wahrnehmung, schaffen Raum und Frieden.

Es gibt viele Mantren. Babaji betonte, dass das folgende Mantra wie eine positive Atombombe im Geiste wirkt. „Om Namah Shivay". Es bedeutet: Ich neige mich vor dir, höchster Gott. Ich liebe dich, Gott. Dein Wille geschehe in mir vollkommen.

Gebete

Ein Gebet ist ein tiefer inniger Wunsch, dass Gott deinem Herzen und deiner Seele seine Aufmerksamkeit schenkt, damit du etwas an sein Herz legen kannst.

Ein Gebet kann für einen anderen Menschen gesprochen werden: „Lieber Gott, willst du seiner Seele Erleichterung schenken?"

Ein Gebet kann für dich selbst gesprochen werden:

„Lieber Gott, willst du mein Herz und meine Seele in deine Hände nehmen, damit ich dir Freude bereiten kann."

Ein Gebet kann in Stille genossen werden durch den Atem. In einem innigen, mit Hingabe aus dem Herzen gesprochenen Gebet kannst du Gott sagen, wie sehr du ihn liebst. Machst du das 8–20 Mal am Tag oder so oft du magst, entfaltet es eine unermessliche Kraft und bringt Fortschritt, einen schnellen Fortschritt. Bete einfach so oft du kannst auch kleine Gebete wie:

„Gott, ich möchte dir sagen, dass ich dich liebe" oder: „Danke, lieber Gott, dass du mir die Vergebung geschenkt hast."

„Lieber Gott, komm in mein Herz, damit ich deine Liebe schenken kann."

Spüre in dein Herz und finde deine eigenen kraftvollen Gebete, denn diese wirken mit der Kraft deines Herzens.

Meditation

Die tägliche Meditation ist der Presslufthammer, um das Ego mit seinen Gedanken und Gefühlsgewohnheiten zu durchbrechen. Das tägliche Sitzen und in die Stille gehen eröffnet die Tore zum

Herzen und zur Seele. Atma Kriya oder Kriya Yoga[16] wären eine gute Möglichkeit dafür, die Verbindung zu Gott wiederaufzunehmen.

Hingabe, Ehrfurcht vor der barmherzigen Güte Gottes ist unerlässlich auf dem Weg zurück ins Herz Gottes.

Bauchatmung

Versuche dich so oft wie möglich daran zu erinnern, tief in den Bauch zu atmen. Du kannst es dir zur Gewohnheit machen, mit jedem Ortswechsel einen tiefen Atemzug zu machen. Gehst du in das WC – tief in den Bauch atmen, vom WC in den Flur – tiefer Atemzug, gehst du in den Supermarkt – tiefer Atemzug, steigst du in dein Auto – tiefer Atemzug, Aussteigen aus dem Auto – tiefer Atemzug. Das Betreten des Büros eines Kollegen – tiefer Atemzug.

Im Bauchraum liegen die Gefühle, und die wenigsten Menschen möchten noch fühlen. Aus diesem Grunde atmen die meisten Menschen nur noch in das obere Drittel der Lunge. Atme so tief du kannst und so oft am Tag wie möglich in den Bauch, damit lockerst du die Ängste, und sie können sich dann leichter auflösen. Weiterhin trainierst du deine Wahrnehmung, denn du durchbrichst ganz bewusst dein gewohnheitsmäßiges Denken und Fühlen mit jedem bewussten Atemzug und signalisierst deinem Herzen: „Ja, ich will."

Du kannst dir auch beim Spazierengehen eine Schrittfolge ausdenken, die mit deinem Atemrhythmus harmoniert, und bei jedem Schritt dann tief und ganz bewusst in den Bauch atmen.

---

16 Kriya Yoga besteht aus fortgeschrittenen Meditationstechniken. Kriya Yoga wird als eine der höchsten Formen des Yogas angesehen. Getreulich geübt, führt diese zur Gott-Verwirklichung. Kriya Yoga befreit die Seele von allen Bindungen. Babaji brachte den Kriya Yoga über Lahiri Mahasaya (1828–1895) in unser Zeitalter. Lahiri Mahasaya lehrte den Kriya Yoga erstmals in der Öffentlichkeit. Später hat Babaji Swami Sri Yukteswar Giri (1855–1936), einen Jünger Lahiri Mahasayas, gebeten, Paramahansa Yogananda (1893–1953) den Kriya Yoga zu lehren, damit dieser den Kriya Yoga einer breiten Öffentlichkeit bekanntmachen konnte.

Zum Beispiel sechs Schritte lang den Bauchraum mit weißem Licht füllen und über das Herz sechs Schritte lang wieder ausatmen.

Wahrnehmungsübungen

Überwinde die Zeit des Wartens, indem du währenddessen Wahrnehmungsübungen machst. Du wartest darauf, dass der Kaffee durchläuft, so atme während dieser Zeit tief ein und richte deine Aufmerksamkeit auf deine Hände und Füße. Fühle ganz bewusst die Temperatur um deine Hände herum. Richte deine Aufmerksamkeit auf deine Füße und Zehenspitzen und fühle auch hier deutlich, was deine Zehen und Füße umgibt.

Atme einige Male tief und langsam ein und aus. Spüre dabei den wärmenden Fluss des Atems, wie er an deine Lungen vorbei in deinen Bauchraum eindringt, um dann langsam wieder auszugleiten. Dann kannst du beginnen, deine Aufmerksamkeit auf Düfte, die du wahrnimmst, zu konzentrieren oder einfach nur die Stille zu genießen. Nutze so viele Gelegenheiten wie möglich.

Ganz gleich, ob du in der Arbeit am PC sitzt, an der roten Ampel stehst, in der Schlange an der Kasse oder sonst an irgendeinem Ort. Jeder Ort bietet dir die Gelegenheit dafür an, zu üben. Zwei Dinge werden dadurch verändert, zum einen kannst du in dieser Zeit nicht denken und du nutzt die Zeit deines Lebens für dich.

18
Teilnehmerstimmen

Lieber Sascha,

danke für den Vergebungstag in Hamburg.

Es ist mir noch nie passiert, dass ich ein Seminar unterbrochen habe, und es ist nicht meine Art, mich wortlos aus dem Staub zu machen, im Sinne von Vergebung tut es mir leid.

Es hat sich total fremd für mich angefühlt, einfach nach dem ersten Tag zu gehen, ohne mich abzumelden.

Als ich früh morgens mit meinem Köfferchen durch die Straßen Hamburgs zum Bahnhof gerattert bin, stand ich alleine an einer Kreuzung, deine Worte über die Vergebung noch in meinem Kopf.

Auf der anderen Seite stand auch ein Mann alleine und war mit seinem Handy beschäftigt.

Diesen Mann hatte ich seit fast sieben Jahren nicht mehr gesehen. Ich hatte ihn damals in Hamburg auch an einer Kreuzung kennengelernt, als ich nach dem Weg fragte.

Wir hatten die nächsten zwei Jahre eine Beziehung, die uns beide fast zerstört hat. Dann kam ein böses und plötzliches Ende (böser und plötzlicher für mich ...).

Ich hatte immer das Gefühl, dass die Beziehung eigentlich nicht wirklich zum Abschluss gefunden hatte und einen Stachel hinterlassen hat.

Das ist total verrückt.

Als der besagte Mensch nun, ohne mich zu erkennen, an der Kreuzung an mir vorbeiging, habe ich ihm verziehen.

Und ich musste lächeln, weil ich überwältigt war von so viel „Zufall".

Und ich möchte mich bei dir bedanken, weil du mit deinen aufrichtigen Augen und deiner ehrlichen Stimme dazu beigetragen hast, einen großen Lebensknoten bei mir zu lösen, ich danke dir. „Manchmal kommt es anders, als man denkt."

Ich wünsche dir immer Frieden.

Sonja

***

Hallo Sascha,

tausend Dank für alles, was du über Vergebung im Internet zur Verfügung stellst. Es ist für mich äußerst hilfreich. Mit Depressionen und Schlafstörungen habe ich mir seit fast zwei Jahrzehnten das Leben erschwert.

Du hast mir gezeigt, dass Vergebung ein 24-Stunden-Geschäft und auch Selbstliebe sehr, sehr wichtig ist. Das habe ich mir zu Herzen genommen und jetzt verschwinden Depressionen und Schlafstörungen mehr und mehr. Jahrelang habe ich mich abgemüht, mich zu entspannen und loszulassen – das hat mich immer nur nervös gemacht. Selbst den Atem zu beobachten, hat diesen durcheinandergebracht statt zu beruhigen. Aber deine Vergebungspflaster wirken so entspannend und beruhigend, dass sogar mein nächtliches nervöses Knie sich geheilt hat, und sie helfen mir einzuschlafen.

Mir sagte das Wort Ego nicht so viel, aber deine Erklärung vom inneren Saboteur ist sehr aufschlussreich. Und besonders hilfreich ist natürlich das Rezept, wie man da vorgehen muss, um diese Programme in den Griff zu bekommen. Einfach und genial.

Beispiel: Ich liebe dich. GOTT oder VATER, DEIN WILLE geschehe – GOTTES WILLE geschehe. (Wer will einen solchen Willen nicht geschehen lassen?)

Ich habe doch gewusst, dass es was Einfaches geben muss. Danke, dass du es mir mit Vergebung gezeigt hast. Mir ist schon klar, dass ich mein Leben lang dauernd vergeben werde – denn ein Leben ohne Vergebung ist einfach viel zu schmerzhaft.

Ich sende dir ganz viel Liebe und Dank.

Johanna

19
Vergebungsgebet

Lieber Vater in meinem Herzen. Urquelle allen Seins. Ich, dein Kind (dein Name ....), möchte eine Vergebungsarbeit vollbringen und ich bitte um deinen Schutz, um deine Weisheit, deine Liebe, deine Kraft und um deine Führung. Es gibt diesen Sachverhalt, dieses Thema (........................) in mir.

Was auch immer der Grund ist, dass diese negativen Energien in mir sind, ich übernehme jetzt die Verantwortung dafür. Ich weiß überhaupt nicht, woher sie kommen oder warum ich mit diesen negativen Mustern behaftet bin. Aber eines bin ich mir ganz sicher, ich will sie nicht mehr haben. Aus diesem Grunde bitte ich alle Orte, alle Wesen und alle Atome, die ich mit diesem Thema bewusst und unbewusst gebunden habe, um Vergebung. Es tut mir leid, dass ich geglaubt habe, diese Gedanken und Gefühle seien wahr, und es tut mir leid, dass ich sie durch mein Denken und Fühlen wahrgemacht habe. Sollte ich mit meinen Gedanken, mit meinen Gefühlen, mit meinen Worten, mit meinen Taten und mit meinen Handlungen jemanden verletzt haben, von Anbeginn der Zeit, und vor allem, sollte ich mich selbst verletzt haben, so bitte ich alle um Vergebung und ich vergebe auch mir selbst.

Ich bitte alle um Vergebung und Verzeihung und ich vergebe und verzeihe mir selbst.

Ich von meiner Seite übernehme die Verantwortung und ich vergebe und verzeihe und lasse alle Verbindungen jetzt los. Mögen sich alle Verbindungen mit Liebe, Licht und Dankbarkeit füllen. Solltet ihr mir nicht vergeben können, so entbinde ich euch dennoch von mir. Ich treffe mit meinem freien menschlichen Willen die Entscheidung, alles zu entbinden. Ich lasse jetzt willentlich alles los, was mit diesem Sachverhalt, mit diesem Thema zu tun hat, und ich bin befreit von allem Übel. Ich danke von ganzem Herzen, dass ich jetzt alles bewusst loslassen kann. Ich danke dafür, dass ich mich mit meinem freien Willen entscheiden kann, dass ich vergeben und mir selbst verzeihen kann. Ich liebe mich und ich liebe dich, himmlischer Vater in meinem Herzen.

Ich bin befreit von allem Übel und möge an diese Stellen Licht, Liebe und Fülle treten. Nimm du mein Herz und meine Seele in deine Hände.

Dein Wille geschehe, Vater, dein Wille geschehe, dein Wille geschehe in meinem Herzen vollkommen.

Danke, danke, danke

****

Kontakt zum Autor:

Sascha Ansahl gibt neben öffentlichen Vorträgen Seminare, Einzelsitzungen und auch Einzelbehandlungen zu den Themen:

Vergebung, Lebensprobleme lösen, Selbstheilungskräfte aktivieren, Hilfe zur spirituellen Entwicklung, geistiges Heilen.

Internet: www.alohahuna.de

E-Mail: info@alohauna.de

Telefon: +49 8191 941612

Mobil: +49 172 2774959

Adresse: Sascha Ansahl

Wiesenring 66

86899 Landsberg am Lech

	Elke Leisgang **Gute Kräfte stärken Dich** Endecken Sie Ihre Qualitäten jeden Tag aus Neue 158 Seiten, Broschur, € 14,00 ISBN 978-3-941435-43-8
	M. Gail Woodard **Dankbarkeit ändert alles** 7 Regeln für ein beglücktes Leben 144 Seiten, € 12,95 ISBN 978-3-946433-31-6
	Pierre Pradervand **Segnen heilt** Wie dein Segen die Welt verändert und dich selbst 200 Seiten, € 16,90 ISBN 978-3-941435-06-3
	Isha Judd **Die Intelligenz der Liebe** Was die Liebe behindert – was sie entfesselt – wie sie das Leben tief verwandelt 199 Seiten, € 18,50 ISBN 978-3-941435-24-7